AF309989

VOYAGE
EN TURQUIE
ET EN ÉGYPTE,

Fait en l'année 1784.

A VARSOVIE,

Et se trouve à PARIS,

Chez R o y e z, Libraire, Quai
des Augustins.

1788.

A MA MERE.

Permettez que ces Lettres, qui vous ont été écrites, vous soient encore dédiées. Les copies s'en étoient tellement multipliées, que j'ai cru devoir prévenir les mauvaises éditions & arrêter des traductions semblables à celles qui en ont déjà été faites en Allemagne. Puissent ces motifs trouver grace à vos yeux, & m'obtenir l'indulgence de mes Lecteurs.

VOYAGE

VOYAGE
EN TURQUIE
ET EN ÉGYPTE,
Fait en l'année 1784.

LETTRE PREMIERE.

A Bukawaya, le 9 Août 1784.

Nous avons quitté hier à Mirgo-
rod, les frontieres de la Pologne ;
aujourd'hui nous nous trouvons au

A

milieu du pays habité jadis par les Zaporoviens ; j'y ai donné quelques regrets à cette Nation belliqueuse, détruite par la simple volonté de l'Impératrice de Russie. C'étoient sans doute des voisins incommodes ; mais l'association de ces Flibustiers célibataires offroit un phénomene singulier, & peut-être unique dans l'ordre civil. Ils ont été remplacés depuis par des Russes & des Valaches, dont les maisons éparses ne forment point encore de villages.

Nous avons été suivis, pendant plus d'une heure, par une troupe de chevres sauvages qui sembloient nous observer avec curiosité, sans vouloir cependant se laisser approcher. On trouve dans le même pays, vers l'embouchure du Bog, des chevaux sauvages, qui passent pour être indomptables. Vous voyez que mes Lettres prennent déjà un air de relation. Je souhaite qu'elles vous intéressent assez pour me faire pardonner mon voyage.

Le 11, à Kerson.

J'ARRIVE à Kerson, avec le plaisir qu'il y a à trouver un lieu habité, lorsque l'on a traversé des déserts ; car la population, quoique fort diminuée par la peste, paroît encore assez considérable aujourd'hui que les fêtes ont fait sor-

tir tous les habitants de chez eux.
L'ivreffe même du peuple Ruffe fem-
ble ajouter en ce moment au mou-
vement du tableau. Plufieurs bâtiments vont charger à Oczakow
pour Conftantinople ; & ma premiere Lettre fera écrite dans les
Etats du Grand-Seigneur.

LETTRE II.

*Le 19, à **Gluboska**.*

NOUS fommes partis ce matin.
Nos amis m'ont accompagné jufqu'au Port, & fait des fignes d'adieu
auffi long-temps que nous avons pu
les appercevoir. Bientôt après nous

fommes entrés dans ce labyrinthe
d'Ifles qui fervoit jadis de refuge
aux flottilles des Kofaks. Nous
appercevions au-delà des côteaux
fertiles, où s'élevoient déjà des
villages & des maifons de campagne, dans un pays où l'on ne voyoit,
il y a peu d'années, que des tentes
& des troupeaux.

A fix heures, nous fommes arrivés à l'entrée du Liman. On appelle
ainfi un Golphe où fe jette le
Dnieper, ou plutôt c'eft le fleuve
lui-même, qui a dans cet endroit
plus de trois lieues de large. La
mal-adreffe de notre Pilote qui
avoit oublié de prendre du left,
& fon incroyable ignorance des

côtes & de la manœuvre, nous ont obligé de nous retirer dans le port de Gluboska, où l'on m'a donné pour retraire une zemlanka ou cabane souterraine. Je me félicite cependant d'y être, car le vent fraîchit, & les vagues que le Liman roule par-dessus mon asyle, m'auroient fait passer une très-mauvaise nuit, si j'avois continué ma route.

Le . . . . à Stanſlawa.

Je n'ai pu partir hier matin, parce que nos Matelots n'ont jamais eu l'esprit de gagner le vent; & le soir, parce qu'ils étoient ivres. Nous sommes enfin partis au-

jourd'hui par un vent favorable &
un affez beau temps. Au bout de
deux heures de navigation, le temps
s'eft couvert, la mer a groffi & le
vent foufflant par grains & rafales,
annonçoit un orage prochain. Les
Matelots vouloient continuer leur
route, mais je les obligeai d'entrer
dans le port de Stanflawa. Bien nous
en prit ; car à peine eûmes-nous
pris terre, que le vent eft devenu
fi fort, qu'il nous lançoit contre le
vifage le fable, & même le gravier
avec affez de force pour nous empêcher d'avancer. Enfin c'étoit une
efpece d'ouragan, & nous avons
eu bien de la peine à gagner les
premieres maifons du village.

JE suis arrivé le 22 à Oczakow. Je voulois me loger en ville , mais j'y ai trouvé plus de difficultés que je ne croyois ; elle est actuellement remplie d'une Milice venue d'Asie , à qui on est obligé de donner beaucoup de liberté , pour l'empêcher d'y retourner. Le Pacha , afin d'éviter les querelles , a fait défendre aux étrangers de sortir de la partie basse de la ville où sont les magasins & le port ; c'est aussi là que se bornent mes promenades ; j'y passe mon temps dans un Café où je vois beaucoup de Turcs , qui fument & ne disent mot. J'y vois quelquefois des Tartares venus de Crimée. On les reconnoît aisément à leur physionomie. Les Turcs ont beaucoup de mépris pour eux. Ils viennent de le témoigner en défendant aux Janissaires de porter le colpak, qui est la coëffure distinctive de cette Nation.

LETTRE III.

Le 2 de Mai, en Mer.

Nous avons profité ce matin d'une brise de Nord-Est pour sortir du Liman. Les courants rendent ce passage très-dangereux ; nous ne

A 5

pouvions en douter en voyant sur le rivage de l'Isle d'Adda , deux bâtiments qui y avoient fait naufrage le jour même que je m'étois retiré si à propos dans le port de Stanslawa. Aussi avions-nous toujours la sonde à la main. Enfin nous nous en sommes tirés heureusement, & bientôt la terre a disparu à nos yeux. Je vous avouerai que ce n'est pas sans plaisir que je me suis retrouvé en pleine mer. Ce spectacle uniforme du ciel & de l'eau qui afflige tant de voyageurs, ne produit point cet effet sur moi. Au contraire, il me semble que la vue de cet espace illimité allume l'imagination, & y éleve plus vivement le defir de le parcourir. Tout me plaît dans cet élément, jufqu'à fon inconftance. J'aime à penfer qu'elle peut facilement déranger tous mes projets de voyages , & qu'il fuffit d'un coup de vent, pour me porter fur les côtes prefque inconnues de Guriel ou de Mingrélie , ou chez les féroces Abaffas. Vous trouverez peut-être ces idées bien folles ; mais mon plaifir eft de vous les dire telles qu'elles me viennent, fans prétendre les juftifier. Le feul projet auquel je tienne , eft celui de vous revoir cet hiver.

Le 9 , en Mer.

Notre navigation fur la mer

Noire a été longue & fâcheufe ;
nous avons été battus pendant trois
jours par des bourafques conti-
nuelles, qui fe fuccédant rapidement, ne nous laiffoient pas un
inftant de repos. Quand l'une,
après avoir beaucoup tourmenté
notre petit bâtiment, alloit porter
plus loin fes ravages, un nuage noir
fe détachant d'un ciel enflammé,
nous en annonçoit un autre. Et
quelquefois un point obfcur, à
peine élevé fur l'horizon, nous me-
naçoit d'une troifieme qui ne tar-
doit guere à arriver jufqu'à nous.
Pendant ce temps-là notre fituation
a été plus défagréable que dange-
reufe, hors une fois que la rafale

nous prit avec toutes nos voiles larguées, & que la mal-adreſſe & la lâcheté des Matelots Ruſſes penſerent nous faire périr.

A ces orages ont ſuccédé des calmes longs & ennuyeux, qui joints aux courants, nous ont fait perdre notre route, & nous ont obligé de réduire nos portions d'eau à un verre par jour ; ce qui étoit d'autant plus déſagréable, qu'il faiſoit déjà très-chaud, que n'ayant pas aſſez d'eau pour prépa-rer d'autres aliments, nous n'avions pour toute nourriture que du biſ-cuit ſec qui nous altéroit beaucoup, & qu'enfin malgré toute notre éco-nomie, nous n'en avions plus que

pour un jour & demi, lorſque nous
avons apperçu l'embouchure du dé-
troit de Conſtantinople. Déjà nous
y ſommes entrés, les eaux de l'Euxin
nous portent lentement entre le rivage de l'Europe & celui de l'Aſie.
Dangers, fatigues, ennui, tout eſt
oublié.

Le 11, de Buiukdéré.

NOUS avons abordé hier à
Buiukdéré, village charmant com-
poſé des maiſons de campagne des
Francs. Notre Dragoman, chez
qui je ſuis logé, veut que j'y paſſe
quelques jours avant que d'aller à
Conſtantinople ; mais je doute fort
que j'aie cette patience.

LETTRE IV.

Le 12, à Constantinople.

J'ai pris ce matin un caïque pour aller à Constantinople. Ce sont les bateaux les plus légers qu'il soit possible d'imaginer. Ils le sont même si fort, qu'on ne pourroit jamais y mettre des voiles sans l'adresse des Caïggis, qui ont l'art de leur faire garder l'équilibre, par l'opposition de leurs rames & les mouvements de leur corps, ce qui n'empêche pas qu'il n'arrive beaucoup d'accidents ; aussi l'on regarde comme très-hardis ceux qui vont de cette maniere, même par le beau temps.

Aujourd'hui le vent étoit si fort, qu'on ne voyoit aucune barque fur le canal. Cependant mes Caïggis ayant defiré de mettre la voile, je le leur permis. Ce que j'en dis n'eft pas pour me vanter de ma témérité, (car auffi-bien, je ne crois pas qu'elle m'attire de grands applau-diffements de votre part) mais pour vous faire comprendre la vî-teffe de notre marche. A peine fixions-nous un point de vue, qu'il difparoiffoit à nos yeux, & la foule d'objets nouveaux vus avec cette rapidité, donnoit à ce voyage un air de féerie, & à moi l'idée d'une jouissance nouvelle; enfin nous sommes arrivés dans le port de Constantinople. Ici j'abandonne plume, car cette vue est au-dessus de toute description. Imaginez, exagérez, recourez aux voyageurs, vous resterez toujours au-dessous de la vérité.

LETTRE V.

Le 6 Juin, à Constantinople.

V o u s serez peut-être étonnée d'apprendre que dans le grand nombre de voyageurs qui abordent en cette ville, il en soit très-peu qui puissent en rapporter des idées un peu exactes ; rien cependant n'eſt plus vrai, les plus obſervateurs ont épuiſé leur curioſité à viſiter les monuments de la Grece , & n'enviſagent les Turcs que comme les deſtructeurs des objets de leur culte. Ils arrivent pleins de cette idée, ſe logent dans le quartier des Francs, & daignent à peine traverſer une fois le port pour aller voir la Moſquée de Sainte-Sophie, & revenir chez eux.

Nourrie par l'étude de l'hiſtoire & de la littérature des Orientaux, ma curioſité m'a fait ſuivre une autre marche. Depuis près d'un mois, je paſſe les journées entieres à parcourir les rues de cette Capi-

tale, sans autre but que de me ras-
sasier du plaisir d'y être. Je me
perds dans ses quartiers les plus
reculés ; j'erre sans dessein & sans
plan. Je m'arrête, ou je poursuis
ma course, décidé par le motif le
plus léger. Je reviens souvent aux
lieux dont on m'avoit défendu
l'entrée, & j'éprouve qu'il en est
peu d'inaccessibles à l'opiniâtreté,
& sur-tout à l'or. Les mots *jassak*,
défense, *olmas*, cela ne se peut,
les premiers qui retentissent aux
oreilles d'un Etranger, sont enfin
étouffés par la voix de l'intérêt. Ce
sentiment plus fort même que celui
de la crainte, m'a déjà ouvert les
Palais des Grands, les Sanctuaires

de la Religion, ceux de la beauté
où s'élevent & se vendent les jeunes filles destinées à faire l'orne-
ment des Harems, tous lieux que
n'a jamais vus le commun des voyageurs. Quelquefois le hasard &
l'hospitalité naturelle aux Orientaux, viennent au-devant de ma curiosité ; mais on sent bien que de
pareils hasards ne font que pour
ceux qui savent les chercher.

Revenant hier assez tard par le
chemin qui conduit de Kiaght-hane
à l'Ok-Maidan, je passai près d'un
jardin qui sembloit être illuminé
pour une fête ; un jeune homme bien
mis se tenoit près de la porte, &
s'adressant aux passants, leur répé-

toit cette phrase : Hommes de toutes les nations, & de toutes les
croyances, le Seigneur Ali vous in-
vite à prendre part à sa joie, il
vient de faire circoncire son fils.
J'entrai, & m'étant fait présenter
au Seigneur Ali, nous n'eûmes pas
de peine à nous reconnoître pour
nous être vus à Koczim, où il avoit
alors la charge de Teffterdart.
Cette reconnoissance parut lui faire
autant de plaisir qu'à moi. Il
m'entretint quelque temps fort
affectueusement ; puis un de ses
Tchiohadars étant venu lui parler
à l'oreille, il me dit : je suis obligé
de vous quitter pour aller recevoir
le frere du Vizir & plusieurs autres

personnages confidérables qui me
font l'honneur d'affifter aux fêtes
que je donne aujourd'hui ; mais
voici quelqu'un qui vous placera
de maniere à vous faire voir com-
modément tous les fpectacles qui
en font partie. Je le remerciai &
fuivis fon Tchiohadart dans une partie du jardin, où l'on avoit tendu
un riche pavillon : le fond en étoit
occupé par une eftrade où étoit
placé le nouveau circoncis avec
foixante autres enfants qu'Ali
Efendi avoit fait circoncire & ha-
biller à fes frais ; vis-à-vis étoit un
orcheftre nombreux ; des jeunes
garçons déguifés en filles exécute-
rent une danfe qui repréfentoit les

différentes nuances des plaisirs : leurs mouvements d'abord doux & modérés, devenoient successivement plus vifs, & finissoient par des vibrations que l'œil avoit peine à suivre ; l'intention en étoit rendue de manière à ne pouvoir s'y méprendre ; seulement ils y mettoient une souplesse qui n'est pas dans la nature, & ne peut être que le fruit d'un long exercice ; des bouffons se tenoient à côté des danseurs, les imitant gauchement, & désignant avec précision l'impuissance de les imiter mieux. Tels font les tableaux que l'on offre ici aux regards de l'enfance ; il ne faut donc pas s'étonner si, blasés dès l'âge le plus

tendre sur ce que la volupté a de
plus incitant , les Orientaux cher-
chent quelquefois hors de la nature
des plaisirs criminels & de nouveaux dégoûts. Mais tout cela n'est
rien encore , auprès de ce qui se
passe tous les jours dans les May-
hané. On appelle ainsi les maisons
où se vend la liqueur à laquelle la
défense du Prophete semble ajouter un nouveau charme. Elles sont
dans des lieux retirés où l'on n'entre que par des défilés obscurs &
des especes de chattieres ; enfin l'on
est introduit dans des cours inté-
rieures ornées de parterres , de
volieres & de jets d'eau ; mais ce
qui sur-tout y attire un grand nombre

bre de Musulmans, ce sont les Puschts, jeunes & beaux garçons, dont le maintien & le métier ne sont point équivoques. Ils arrivent richement habillés, suivis de joueurs d'instruments, & sont le tour des tables jusqu'à ce qu'ils trouvent quelqu'un qui veuille les employer ; cet emploi consiste à verser à boire, à présenter des fleurs, à chanter & à danser ; souvent lorsqu'ils s'en acquittent bien, les convives leur couvrent le visage d'une petite monnoie d'or, que la sueur y tient attachée : mais ce métier n'est pas exempt de dangers, & demande beaucoup de conduite ; car souvent les Puschts

B

deviennent les victimes de la jalousie & de la passion qu'ils inspirent.
Voilà des goûts qui doivent sans
doute faire horreur, sur-tout aux
femmes, à moins qu'elles n'aiment
mieux regarder comme un hommage qu'on leur rend, celui que
l'on adresse à des êtres qui leur ref-
semblent assez, pour m'avoir trom-
pé plusieurs fois, lorsqu'ils étoient
déguisés pour la danse.

Je veux, avant que de finir cette
Lettre, vous parler d'une débauche
d'un autre genre, fort commune
ici, c'est celle de l'opium; on dé-
signe ceux qui y sont adonnés, par
le nom injurieux de *Tiriaki*, que
quelques-uns se font gloire de por-

ter. Les moins aifés & les plus fai-
néants d'entre eux , fe raffemblent
dans un endroit nommé Tiriak-
Ciarfi : là paffant continuellement
de l'exaltation des fens au fommeil,
& du fommeil à l'exaltation ,
ils abregent volontairement leurs
jours , pour pouvoir les paffer dans
un oubli parfait d'eux-mêmes. On
dit qu'ils font doux & paifibles ,
pourvu qu'on ne les réveille pas
dans le moment où le fommeil
leur eft néceffaire , ou qu'on ne les
prive point du poifon lent , dont
ils ne peuvent plus fe paffer ;
car alors il n'eft point d'excès
dont ils ne foient capables. Après
le dernier incendie de Conftantino-

B 2

ple., ils se sont assemblés tumul-
tueusement pour demander que l'on
commençât par rétablir leur Ciarsi ,
& le Grand-Seigneur le leur a tout
de suite accordé.

LETTRE VI.

Le 16 , à Constantinople.

IL ne me reste plus pour vous
faire connoître les amusements du
peuple Turc , qu'à vous parler des
Cafés. La plupart bâtis en forme de
Kiosk , reçoivent l'air de tous les
côtés , & sont d'une fraîcheur admirable. Ils sont le rendez-vous des
oisifs de tous les états ; le Vizir ,

le Capitan Pacha & le Sultan lui-même y viennent souvent déguisés, apprendre ce que l'on pense d'eux; car le caractere & les moindres actions des gens en place, sont ici, comme ailleurs, le sujet favori de toutes les conversations ; d'autres fois, elles roulent sur la galanterie. Un conteur de profession rapporte l'aventure la plus nouvelle, en l'ornant de tous les agrémens de l'élocution orientale ; en voici une que j'entendis raconter hier dans un Café du fauxbourg de Santari, & que j'ai mise aussi-tôt par écrit ; elle pourra vous donner une idée de leur maniere de s'énoncer.

Il y a environ un mois, (dit le

conteur) qu'Omar, ce riche Mollah que vous connoiſſez tous, ſe promenant ſur la terraſſe de ſa maiſon, apperçut la jeune Fatmé, qui venoit d'épouſer le beau Caſſem, & en devint amoureux ; les riches ne connoiſſent que l'or pour réuſſir dans leurs deſſeins. Omar fit venir la vieille Emina Hanem, fameuſe intriguante, & lui déclara l'objet de ſa paſſion ; Emina lui repréſenta que Caſſem étoit jeune, amoureux & jaloux, & que Fatmé étoit heureuſe avec lui. «D'ailleurs, » lui dit-elle, les hommes remplis » de leurs paſſions, ſont des voya- » geurs altérés, ils deſirent avec » ardeur une fontaine, & lorſ-

» qu'ils l'ont trouvée, ils boivent, &
» puis lui tournent le dos : » tels
étoient les scrupules d'Emina, qui
n'en avoit jamais eu que pour son
intérêt ; mais les dons & les pro-
messes d'Omar lui prouverent qu'il
ne seroit point ingrat, & les leverent
tout-à-fait. Alors elle ne songea
plus qu'à remplir sa commission.
Les difficultés qui auroient arrêté
tout autre, servirent à son projet,
& la jalousie de Cassem, qui auroit effrayé une intriguante moins
adroite, fut précisément ce qui la
fit réussir. Emina prit une robe
blanche, un voile verd, un gros
chapelet, enfin tout l'équipage
d'une Hagie de la Mecque ; ainsi

déguisée, elle vint à midi frapper à
la porte de Fatmé: « Bonne & cha-
» ritable Dame, lui dit-elle, j'ai
» fait neuf fois le voyage des vil-
» les Saintes; soixante & dix fois
» j'ai bu l'eau du puits de Zem-
» zem; trois cents fois mes levres
» ont touché la pierre noire, &
» plus de mille fois le seuil de la
» Caaba; dans mon dernier péle-
» rinage, j'ai fait le vœu de ne ja-
» mais manquer aux cinq prières
» recommandées par le Prophete;
» aujourd'hui les cris du Muezin
» m'ont trouvée dans la rue & fort
» éloignée de ma maison; ainsi je
» ne vous demande qu'un peu d'eau
» pour faire mon Abdest, & un

» coin de votre maison pour y
» prier en liberté ». Fatmé étoit
naturellement complaisante , elle
fit monter la vieille, lui donna
de l'eau pour ses ablutions, & le
tapis sur lequel son mari faisoit sa
prière, la fourbe Emina la remer-
cia, fit semblant de prier, replia
le tapis & le remit à sa place : mais
en le roulant, elle eut l'adresse d'y
glisser une pièce d'étoffe riche ; elle
se retira ensuite en comblant de
bénédictions la bonne Fatmé, qui
se félicitoit d'avoir pu obliger une
personne aussi pieuse. Cependant
Cassem revint bientôt après, &
voulut aussi dire sa prière ; mais en
ouvrant son tapis, la première chose

qui frappa ſes yeux , fut l'étoffe brillante d'or que la vieille y avoir laiſſée ; Caſſem n'étoit pas riche , & ſavoit que Fatmé ne l'étoit pas aſſez pour faire une emplette auſſi chere ; enfin , le démon de la jalouſie s'empara de lui , & ſans donner aucune raiſon à ſa femme , il la conduiſit chez le Cadi & la répudia. La malheureuſe Fatmé ſe voyant abandonnée ſans avoir rien à ſe reprocher , paſſa trois jours dans les pleurs ; au bout de ce temps-là , elle vit arriver la vieille qui lui dit : Ma chere Fatmé , je ſais toute votre aventure , elle eſt triſte, & Caſſem n'eſt qu'un extravagant ; mais vous pleureriez toute

une année, que cela n'y changeroit
rien , & je pense qu'il vaudroit
mieux s'occuper à trouver un autre
mari. Fatmé essuya ses beaux yeux,
& convint de la vérité du fait ;
« mais, dit-elle, je n'ai jamais connu
» que Cassem que j'aimois plus que
» ma vie, & je ne saurois comment
» m'y prendre pour chercher un
» autre époux ? c'est mon affaire ,
» répondit Emina, & même je me
» fais fort d'en trouver un qui ne
» vous déplaira pas. Votre voisin
» le riche Omar, a entendu parler
» de votre beauté , mais il a une
» fantaisie contraire à nos usages
» & à la modestie ; il veut voir sa
» femme avant de l'épouser; c'est

» à vous de vous y soumettre,
» cette affaire vous convient »,
Fatmé n'avoit devant elle qu'un
avenir affez trifte, & fort peu de
reffources ; elle réfolut de fe laiffer
conduire par la vieille, mais elle
ignoroit encore que l'hypocrite eft
comme le rofeau qui perce la main
qui cherche à s'appuyer fur lui.
Emina conduifit Fatmé chez
Omar, qui aidé de fes efforts, n'eut
pas de peine à triompher de la
jeuneé poufe ; après quoi il lui fit
un préfent magnifique, & la ren-
voya chez elle, lui promettant de
la faire chercher le lendemain,
avec les cérémonies accoutumées.
Cependant la vieille étoit allé
chez

chez Caſſem, & lui avoit demandé
une pièce d'étoffe riche, qu'elle
avoit, diſoit-elle, laiſſée dans un
tapis que ſa femme lui avoit prêté
pour dire ſa priere. Ce peu de mots
ouvrit les yeux de Caſſem, & lui
fit comprendre combien il avoit été
injuſte. Il vivoit malheureux éloi-
gné de ſon épouſe, & n'eut rien de
plus preſſé que d'aller réparer ſes
torts. Enfin, Fatmé vit arriver le
lendemain, non les gens d'Omar,
mais le beau Caſſem, & maigré les
richeſſes du Mollah, elle ſe crut
heureuſe de retrouver ſon époux.
Caſſem le fut bien davantage de
retrouver ſa chere Fatmé. Le riche
Omar avoit contenté ſes deſirs,

tous étoient redevables de leur bonheur à l'adresse de la vieille Emina Hanem ; & cette aventure doit vous prouver la justesse du proverbe Persan, qui dit, ne méprisons point des gens dont le métier est de ne faire que des heureux.

LETTRE VII.

A Constantinople.

LA morale des récits orientaux n'est pas toujours aussi condamnable que dans celui qui faisoit le sujet de ma derniere Lettre. En voici un dont le fonds est historique & le style plus élevé. J'ai donné le nom de récit à ce genre de composition, parce qu'il m'a paru répondre à celui de Hykaïn, que lui donnent les Lettres de l'Orient. J'ai cherché de même à rendre avec exactitude leurs figures & leurs expressions; & si j'y ai changé quelque chose, c'est en ôtant à leur richesse plutôt qu'en y ajoutant.

LE PROCÈS DE DRACO.

RÉCIT.

Draco, premier Dragoman de la Porte, s'étoit rendu fameux dans la Capitale des Ottomans, par la grande connois-

sance qu'il avoit acquise de la Loi Mu-
sulmane : les Commentateurs lui étoient
aussi familiers que les écrits révélés aux
Prophetes , & les textes de ces Ouvrages sacrés qu'il savoit citer à propos , lui donnoient dans la dispute un
avantage qui ne pouvoit manquer de
lui attirer des ennemis. Le plus dangereux de tous étoit le Chef Islam. Cet
homme parvenu par la voie de l'in-
trigue , à la place éminente qu'il occupoit , s'indignoit de voir un infidele
posséder la science qu'il avoit négligé
d'acquérir. Dévoré de jalousie , il alla
chez le Vizir , & lui parla en ces termes : « Tout-puissant Ministre , qui
» jouis sans partage de la faveur de
» notre sublime Sultan , écoute les con-
» seils de la Religion , c'est elle qui te
» parle par ma voix. Tu as accordé ta
» confiance à Draco , je le sais ; mais

» as-tu réfléchi que l'indulgence dont
» nous ufons envers les aveugles Chré-
» tiens, ne fauroit s'étendre fur cet
» Infidele qui connoît notre Loi & ne
» la fuit point : depuis long-temps l'Ule-
» ma eft bleffé de ce fcandale, & moi
» qui en fuis le chef & l'organe, je me
» vois obligé de te demander fa tête.
» Fais venir Draco, demande-lui quelle
» Religion il croit la meilleure. S'il fe
» décide pour la nôtre, tu l'obligeras
» de la fuivre ; s'il prend le parti con-
» traire, il profere un blafphême, & mé-
» rite la mort. Le Vizir confentit, quoi-
» qu'à regret, à ce que l'on exigeoit
» de lui ».

Il fit venir fon Interprete. Dragoman,
(lui dit-il,) « je fais que tu es égale-
» ment inftruit de la Loi révélée à notre
» faint Prophete & de celle qu'Iffa a
» jadis dictée à fes Sectateurs ; à laquelle

» des deux donnes-tu la préférence » ?
Draco n'eut pas de peine à s'appercevoir
du piege qu'on lui tendoit, & demanda
la permiffion de conter l'hiftoire fui-
vante.

   « Lors, dit-il, que je commandois
» au nom de Sa Hauteffe, dans la pro-
» vince confiée jadis à mes foins, quel-
» ques-uns de fes Sujets avoient cru
» découvrir une mine de métaux pré-
» cieux. Se creufant chacun des routes
» différentes, ils efpéroient tous par-
» venir un jour à s'en rendre les maî-
» tres. Après un travail long & affidu,
» leurs lampes s'étoient éteintes ; mais
» leur ardeur étoit telle, que loin de
» s'en appercevoir, ils crioient encore
» comme auparavant : c'eft moi qui ai
» trouvé l'or, les autres n'ont que le
» cuivre & l'étain.

   » Celui qui du haut des Cieux voit

» la fourmi dans le fond de l'abîme,
» & entend le bruit de ses pattes, voyoit
» également ces malheureux dans leurs
» souterrains obscurs. Il eût pu sans doute
» rallumer leurs lampes éteintes ; il eût
» pu laisser descendre sur eux quelques-
» uns des rayons de la lumiere éter-
» nelle qui l'environne ; mais il ne l'a
» pas fait, & s'est contenté de laisser
» à chacun l'espérance & la sécurité qui
» suffisent pour assurer leur bonheur ».

Ici finit le récit de Draco ; le Vizir lui
applaudit, & l'hypocrite sortit confondu.

LETTRE VIII.

A Constantinople.

JE ne sais trop comment vous
trouverez les apologues des Orien-

taux ; pour moi je raffole de leur maniere, & je m'y suis essayé : les lectures que j'ai faites depuis près de deux ans, m'ont rendu si riche en pensées orientales , que je n'ai eu que la peine d'en groupper quelques-unes & de leur donner des cadres. Je suis bien sûr d'avoir réussi à conserver à mes figures leur physionomie orientale, mais je ne suis pas également sûr que cette physionomie réussisse en Occident ; c'est un point sur lequel je vous prie de me dire l'opinion des autres ; car je sais la vôtre tellement corrompue par l'indulgence, que je ne vous la demande plus. Je joins à cette Lettre un

cahier que vous voudrez bien mon-
trer aux juges que vous m'aurez
choisis.

LE SONGE DE TOMRUT.

RÉCIT.

L'ANGE de la mort venoit de frapper
le vieil Andbal, le plus sage des Souverains qui aient regné sur l'Indostan.
Son successeur Névescha, à peine
monté sur le trône, voulut repaître ses
yeux du spectacle nouveau de sa puis-
sance. Il fit ouvrir ses trésors remplis
par l'économie des regnes précédents ;
il fit rassembler ses armées. Bientôt il
se persuada qu'elles étoient invincibles,
& fit des projets de conquêtes. Déjà l'on
voyoit éclater la joie tumultueuse des

gens de guerre, & le Peuple même avoit la folie de la partager. Au milieu de cette allégreſſe publique, le ſage Tomrut paroiſſoit ſeul accablé d'une triſteſſe profonde. Néveſcha s'en apperçut, & lui en demanda la cauſe : « Seigneur, » (répondit le Philoſophe,) ma triſteſſe » n'eſt point digne d'occuper un inſ- » tant l'attention du plus puiſſant Mo- » narque de l'Inde, un ſonge en eſt le » ſujet ». Le Sultan voulut ſavoir quel étoit ce ſonge, & Tomrut s'expliqua en ces termes :

   « Invincible Souverain de tous les » pays bornés par les deux fleuves, tu » ſauras que m'étant égaré ce matin » dans les jardins qui bordent ton pa- » lais, je m'aſſis ſur les bords du ruiſ- » ſeau charmant qui porte ſes eaux dans » les endroits les plus reculés de ce ſé- » jour délicieux. Là, mon eſprit s'éle-

» vant par degrés, ofa s'occuper de la
» foule innombrable des vertus que l'on
» voit briller en toi. Je te voyois avec
» la puiſſance de tes peres, toute la juſ-
» tice de Nourſchivan & toute la ſageſſe
» de Dabſchelim.

» Mais pardonne, ô Néveſcha ! il me
» ſembloit qu'il manquoit encore à ta
» gloire, d'avoir fait autant de conquê-
» tes qu'Ogouzkam ou Dhoulcarneim.
» Cependant les préparatifs de guerre qui
» occupent tes ſoldats, me faiſoient
» eſpérer que bientôt l'ombre de ta
» puiſſance couvriroit tout l'univers,
» tandis que ſon éclat pourſuivroit l'œil
» de l'envie juſqu'aux bornes du monde.
» Telles étoient les rêveries où je m'étois
» plongé, lorſque l'ange du ſommeil
» vint fermer ma paupiere.

» Alors je crus revoir le ruiſſeau ſur
» les bords duquel je m'étois endormi,

» son rivage étoit ombragé de fleurs.
» Après quelques détours dans une vallée
» riante, il alloit porter ses eaux au sein
» d'un lac tranquille ; je suivois des yeux
» son cours paisible, & je souriois à
» cet emblême de la vie du sage, lors-
» que par un caprice dont je ne puis
» deviner la cause, le ruisseau sortit
» du lit où il avoit coulé jusqu'alors ;
» il alla joindre ses eaux aux eaux des
» ruisseaux voisins, & devint un tor-
» rent redoutable ; & tandis que les
» fleurs, privées de la fraîcheur de son
» onde, penchoient vers la terre leurs
» têtes flétries, le torrent rompoit les
» digues, renversoit les murailles, & les
» débris qu'il entretenoit, accéléroient
» sa chûte.

» Cependant la foule imbécille
» se pressoit sur ses bords, au risque
» d'être emportée par son courant dan-

» gereux ; moi j'allai l'attendre dans la
» plaine. Là je cherchai les traces du
» torrent redoutable , & je ne les trouvai
» plus ; car la terre s'étoit abreuvée de
» ſes eaux , il ne reſtoit de lui que la
» mémoire des ravages qu'il avoit faits.

» O puiſſant Monarque de l'Inde ! ne
» me demande plus le ſujet de ma triſ-
» teſſe ; tu veux reſſembler à Iſzkender
» ou à Ogouz. Et qu'étoient ces Héros ?
» que des torrents deſtructeurs. O ſils
» d'Andbal , s'il te faut des exemples
» fameux , que ne ſuîs-tu celui du ſage
» Soliman ? Il commandoit à la Nature,
» & ne dédaignoit ni la paix , ni les
» plaiſirs. Sa mort tranquille mérita
» d'être comparée au profond ſommeil
» qui ſuccede aux plaiſirs trop ſouvent
» répétés ; mais , toi , ſils d'Andbal, tu
» cherches la renommée , & tu ne ſais
» point qu'elle eſt comme l'odeur des

» aromates, qui ne se répand qu'après
» qu'ils ont été consumés ».

Le Sultan de l'Inde écouta attentive-
ment le récit du Philosophe ; mais le
lendemain il fit déclarer la guerre au
Sultan de la Perse. Ainsi la forêt ne s'op-
pose pas au souffle des zéphyrs, car ce
n'est pas leur haleine qui peut faire plier
les cedres.

LE VOYAGE

DE FEIROUZ.

RÉCIT.

FÉÏROUZ, riche habitant de Samar-
cande, revenoit des villes Saintes. Les
imprécations du Prophete, contre ceux
qui different de s'acquitter du saint pélerinage, paroissoient écrites en lettres

d'or ; dans mille endroits de sa maison ,
sur sa terrasse flottoient mille bande-
roles tissues par la main des filles du
Chérif, & chargées par lui-même de
caracteres mystérieux. Le tumulte de la
joie regnoit parmi les esclaves, & le
noble animal, compagnon des travaux
de l'Arabe, y mêloit ses cris, & sembloit
partager l'allégresse commune.

Feïrouz lui-même, retiré dans l'in-
térieur de son harem, se livroit aux tendres caresses de sa femme & de ses enfants. Fatmé lui disoit : « Cher Feïrouz,
» que de fatigues tu as dû essuyer, que
» de dangers tu as dû courir, que de belles
» perles vous aurez vues dans la Mer Per-
» sique, lui disoit la jeune Zilia ! Que
» de plaisir vous aurez eu à faire un
» aussi long voyage, disoit le petit Rus-
» tem » ! Feïrouz leur répondit : « Les
» fatigues & les dangers ne m'ont point

» effrayé ; car je favois qu'ils font in-
» féparables d'une pareille route. Les
» perles du golfe Perfique ne m'ont
» point tenté ; car j'ai vu de près l'état
» malheureux des plongeurs qui les ra-
» maffent ; & pour que le plaifir ne me
» féduisît point , il me fuffifoit de pen-
» fer au linceul mortuaire que le Pro-
» phete nous ordonne d'acquérir à la
» Mecque, & qui eft la feule chofe qu'on
» rapporte d'un auffi long voyage ». Feïrouz s'amufa quelques moments à répondre aux queftions naïves de fes enfants ; après quoi il leur fit en ces termes
le récit de fon pélerinage.

« A peine forti de l'étroit défilé qui
» fépare les provinces du Perfan d'avec
» celles de l'Uzbek ; je me trouvai dans
» les plaines de Khoraffan. D'abord je
» me crus tranfporté dans un nouvel
» univers, & tout m'y étonnoit. Mais

» bientôt je m'ennuyai des payfages
» riants, mais peu variés, qui s'offroient
» à ma vue. Ce pays d'ailleurs étoit fou-
» mis à une police févere, qui, plus
» que tout le refte, me faifoit defirer
» d'en fortir. Il me fallut cependant
» remplir le temps que le Chef de la
» caravanne y avoit deftiné ; mais
» je ne faurois dire à quoi je m'y oc-
» cupois, car cette époque de ma vie
» s'eft entiérement effacée de ma mé-
» moire.

» Nous fortimes enfin du Khoraffan
» pour entrer dans le Siftan. Cette pro-
» vince obéiffoit au voluptueux Gau-
» rides. Là des chœurs de Bayadieres, In-
» diennes, & de Chanteufes de Cache-
» mire, conduifoient le Voyageur au mi-
» lieu d'un nuage de parfums, dans des
» maifons confacrées à la volupté. Là
» j'oubliai bientôt le but de mon voyage,

» & je vécus dans ce pays charmant
» comme si jamais je n'eusse dû le quitter.

» Cependant l'inflexible Chef de la
» caravanne ne tarda pas à m'y forcer ;
» je traversai rapidement la Province de
» Schiraz, renommée par ses vins déli-
» cieux ; j'y trouvai l'oubli des maux bien
» différent du bonheur.

» Je traversai encore le Laristan, dé-
» chiré par les factions des ambitieux
» Attrabegs. De vastes possessions m'y
» offroient leur séduisante perspective ;
» mais à mesure que j'avançois vers
» elle, mon horizon s'étendoit ; j'en dé-
» couvrois d'autres, & je sentis que mes
» desirs n'y seroient jamais satisfaits.

» Je m'embarquai sur la Mer Persi-
» que, favorable à ceux qui veulent
» augmenter leurs richesses. Le linceul
» de la Mecque me revint à l'esprit,
» & je ne fus point tenté de les imiter.

» Enfin j'abordai dans la Chaldée. J'y
» vis les Mages qui depuis tant de siecles
» y cultivent l'étude de la sagesse. Sa-
» vants Disciples de Zoroastre, leur dis-
» je, c'est sur le bonheur que je viens
» vous consulter. Je sais déjà qu'il n'est
» ni dans le Sistan, ni dans le Schiraz,
» ni dans le Laristan, ni dans les ri-
» ches contrées de Gomron & d'Ormuz;
» mais où est-il donc ? où faut-il le cher-
» cher ?

» Le Destouran Destour prit la parole
» au nom de tous. Le bonheur, me
» dit-il, est comme l'élément que nous
» adorons, il est par-tout; mais le Voya-
» geur égaré ne le cherche ni dans
» l'éclair qui l'éblouit, ni dans le feu-
» follet qui glisse sur la fange; s'il le
» trouve, c'est dans le caillou qu'il fou-
» loit à ses pieds ».

Ah ! le beau voyage, s'écria le petit

Ruſtem , en interrompant ſon pere , &
quand pourrai-je en faire un ſemblable ?
« Tu le feras, mon fils, lui répondit Feï-
» rouz, tu l'as déjà commencé. La plaine
» du Khoraſſan , c'eſt l'enfance, où tu es
» encore ; l'inflexible chef des Péle-
» rins , c'eſt le temps que rien n'arrête,
» & qui t'en fera bientôt ſortir pour
» te faire entrer dans la jeuneſſe qui fi-
» nira à ſon tour. Alors ſi tu te rappelles
» des leçons du Deſtour , ſi tu ne cher-
» ches le bonheur que dans toi-même ,
» mon but ſera rempli, & je n'aurai
» rien à deſirer ».

ABDUL ET ZEILA.

RÉCIT.

LES derniers rayons du ſoleil do-
roient déjà le ſommet des minarets de

Gazna, lorſque les femmes du Sultan Mahmoud prirent le chemin de cette Ville, après avoir paſſé la journée dans une de ſes maiſons de campagne. Les ſons harmonieux des voix & des inſtruments annonçoient de loin leur troupe bruyante ; l'odeur du muſc & de l'ambre reſtoit aux lieux où elle avoit paſſé.

Cependant le jeune Abdul oublioit ſous des buiſſons de roſes, le Kourouk publié contre tout téméraire qui oſeroit ſe trouver ſur cette route. Déjà l'avant-garde des Eunuques approchoit des buiſſons qui le tenoient caché. Le danger étoit preſſant. Abdul apperçut un puits, & courut s'y jeter.

Le puits n'étoit pas profond, & la chûte d'Abdul fut heureuſe ; mais elle effraya ſon cheval qui ſe détacha, & alla porter le déſordre dans la troupe des Sultanes. Zeila, la plus belle d'entre elles, ne fut plus maîtreſſe du ſien. Il s'emporta, s'abattit auprès du puits, & Zeila tomba évanouie entre les bras d'Abdul.

Le puits ſans être profond, étoit obſcur & tortueux ; les Eunuques réſolurent de le ſonder : ils défirent leurs turbans, les lièrent enſemble, attachèrent une pierre au bout & l'y laiſſerent aller. Abdul qui avoit entendu leurs diſcours, ſaiſit la pierre, & tirant doucement les turbans, fit croire aux Eunuques que le puits n'avoit point de fond. Ils ſe retirerent fort affligés, & allerent porter cette nouvelle au Sultan.

Abdul s'étoit déjà apperçu que l'endroit où il ſe trouvoit n'étoit point un puits, mais un ſouterrain ſpacieux. Il fut aſſez heureux pour en trouver l'iſſue, prit Zeila dans ſes bras, & l'emporta chez lui ſans obſtacle ; car la nuit favoriſoit

la retraite. Zeila revenue de son éva-
nouiſſement, fut bien ſurpriſe de ſe trouver dans les bras d'Abdul ; mais le plai-
ſir ſuccéda bientôt à l'étonnement , car
jamais elle n'avoit vu de plus beau jeune
homme.

Abdul avoit fait préparer une table
couverte de ſorbets délicieux ; déjà l'enfant de la grappe s'uniſſoit dans leurs
coupes à la fille des nuées ; l'amour étoit
dans leurs yeux , les doux propos dans
leurs bouches. Abdul déjà crut un inſtant avoir goûté par avance les plaiſirs
du Gehennet.

Enſuite Zeila prit un luth , & chanta
ces couplets d'un Poëte connu.

« Le ſombre Océan entoure l'Univers ,
» Les flots y repoſent ſur les flots ,
» Sur ces flots repoſent les nuages ;
» Cet abîme obſcur eſt l'avenir ;

» Mais le préfent eft certain ;

» C'eft de lui qu'il faut jouir.

» Vois l'Anka (1) qui s'élance de deffus
» les rochers de Kaf ;

» Il fecoue la pouffiere de fes ailes, &
» fe perd dans la nue.

» On le dit immortel ;

» Mais fon fort n'en eft pas mieux
» connu.

» Le préfent feul eft certain ;

» C'eft de lui qu'il faut jouir.

» Ton vifage eft brillant comme le
» jour,

» Tes cheveux font fombres comme la
» nuit ;

---

(1) L'Anka eft un oifeau fabuleux de la Mi-
thologie Perfienne. Il fe prend quelquefois allé-
goriquement pour l'ame. On trouvera ces Couplets dans l'Ouvrage de Jones, intitulé : *Spe-
cimen Poefeos Afiaticæ*, ainfi que la plupart
des penfées répandues dans ce dernier récit.

» Ta

» Ta bouche a les couleurs de l'Aurore,

» Mais l'Aurore est passagere :

» Les plus brillantes journées passent

» plus rapidement que les autres,

» Les plus heureuses nuits ne le sont que

» par instants :

» Le présent seul est certain ;

» C'est de lui qu'il faut jouir ».

Le soleil élevé sur l'horizon, revoyoit déjà son image dans les eaux de l'Indus, lorsqu'Abdul sortit de table, en répétant entre ses dents : le présent seul est certain, c'est de lui qu'il faut jouir.

Il alla au Basard, vendit tout son bien, qui consistoit en marchandises, loua des esclaves, acheta des habits superbes, des parfums rares, des vases précieux, & courut les offrir à sa nouvelle maîtresse.

Le huitième jour il l'aborda d'un air

D

trifte, & lui dit : « Chere amante, je
» n'ai que trop profité de tes leçons ;
» mes biens font diffipés, pourras-tu ja-
» mais te réfoudre à partager mon in-
» digence ? Zeila élevée dans le luxe du
» ferrail, fut effrayée de cette idée. Elle
» s'étoit d'ailleurs apperçue que la jeu-
» neffe d'Abdul n'étoit pas moins épuifée
» que fes tréfors. Après un inftant de
» réverie, elle écrivit un billet, le ca-
» cheta, le remit à Abdul & lui dit » . . .
Nous ne fommes pas encore auffi près
de l'indigence que tu le crois. « Vas au
» ferrail, demande le chef des Eunu-
» ques, remets-lui ce papier, & fur
» toutes chofes garde-toi de l'ouvrir ».

Abdul baifa le billet, la main qui le
lui donnoit, la bouche qui lui dictoit
fes ordres, & prit la route du ferrail ;
mais à peine eut-il fait quelques pas dans
la rue, qu'il fut violemment tenté de

lire cet écrit, qui devoit le sauver des
horreurs de la misere. La défense de
Zeila ne faisoit qu'augmenter sa curiosité. Il l'ouvrit enfin, & voici ce
qu'il y trouva.

« Fidele Mouasac, ta bienfaitrice vit
» encore. Celui qui te remettra cette
» lettre, lui a sauvé la vie, & lui fait
» goûter depuis huit jours des plaisirs
» semblables à ceux que tu lui as pro-
» curés tant de fois ; songe à la faire
» rentrer au serrail, & assure-toi de la dis-
» crétion de ce jeune homme, comme tu
» t'es assuré de la discrétion des autres ».

Je laisse à penser quel fut l'étonnement
d'Abdul. Il lut & relut plusieurs fois ce
fatal billet, sans vouloir en croire à ses
yeux. Enfin il sortit de Gazna décidé à n'y
jamais rentrer. Il passa la nuit dans un
bois, à se plaindre de la perfidie de
Zeila, & le matin il se joignit à une

caravanne de Marchands de Bagdad.

Arrivé à une journée de cette Ville, il quitta la caravanne, s'enfonça dans un désert, résolu d'y passer sa vie, se nourrissant de fruits sauvages, de racines, fuyant la société des hommes, & surtout celle des femmes. La vie qu'il menoit le fit bientôt passer pour un Saint, lui attira le respect des peuples, & remplit de sa renommée la résidence des Califes.

Leur trône étoit alors occupé par Carderbillah, fils d'Ishac, fils de Moctader. Ce Prince avoit un fils nommé Caïm, qui étoit l'objet unique de ses plus tendres affections : Cader connoissant tout le prix d'une bonne éducation, cherchoit depuis long-temps un homme sage & éclairé qui pût diriger celle du jeune Caïm : il rassembloit à cet effet tout ce que l'Islamisme avoit de gens

renommés par leur piété, leur science
ou leur vertu. Abdul fut de ce nombre.

Ce n'étoit plus le temps où le Lieutenant du Prophete couchoit sur les degrés de la Mosquée, pour être le premier
à la priere du matin. Le faste avoit pris
la place de la simplicité ; le Calife se ca-
choit à tous les yeux, peu de ses cour-
tisans étoient admis à le voir. Les
autres se contentoient de baiser le rideau qui fermoit la salle du Divan.
Abdul amené devant lui, demeura in-
terdit à la vue de tout l'éclat qui l'en-
vironnoit.

« Approche, jeune solitaire, lui dit
» Cader, & rassure-toi ; dis-nous com-
» ment la présence des Souverains de la
» terre peut intimider le Religieux ac-
» coutumé à la présence du Monarque
» des Cieux ? Sublime Commandeur des
» croyants (répondit Abdul un peu re-

» venu à lui-même) ne t'en étonne
» point, & que l'esprit de vérité qui
» l'inspire, ne te fasse point dédaigner
» le récit que je vais faire.

» Une goutte d'eau échappée à la nue,
» tomba un jour dans la mer. Effrayée
» d'abord de l'immensité de l'élément
» dans lequel le fort l'avoit jetée, elle
» perdit l'usage de ses facultés ; mais
» une coquille la reçut dans son sein,
» la nourrit, la protégea, & cette
» goutte d'eau est devenue dans la suite
» la perle qui orne le diadême de ta
» Hautesse.

» Cet apologue ne déplut point au
» Prince des fideles : (Abdul, lui dit-il)
» je desire que tu prennes soin de l'édu-
» cation de mon fils ; veux-tu quitter
» ton désert & vivre à ma Cour ? Abdul
» répondit : Seigneur, tes desirs sont
» des ordres ; mais un Hermite est peu

» fait pour elle, & la faveur des Princes
» est une toile qu'un Peintre a remplie ;
» on ne sauroit y placer une figure,
» sans en effacer une autre.

» Je t'entends (reprit Cader) tu
» crains pour mon fils le commerce des
» flatteurs ; hé bien, je consens à ce que
» tu l'amenes dans ta solitude. Auras-tu
» encore quelque apologue à opposer à
» mes volontés ? Abdul n'en eut point ;
» car il savoit que lorsqu'un Prince
» croit avoir bien entendu, il n'est pas
» prudent de vouloir lui prouver le
» contraire ».

De retour dans son désert, Abdul ne
s'occupa plus qu'à donner à son éleve les
leçons & l'exemple de toutes les vertus. Il lui apprenoit quels seroient un
jour ses devoirs, comme Lieutenant du
Prophete sur la terre, comme média-
teur des Puissances de l'Asie, comme
Souverain de Bagdad.

« Mais (ajoutoit-il) ce n'est pas tout
» que de faire des heureux ; il faut l'être
» toi-même. Pour y parvenir, apprends
» à te défier des femmes ; l'ivreſſe
» qu'elles inſpirent, eſt bien plus dan-
» gereuſe que celle que nous défend le
» Prophete. Le ſeul moyen de s'en ga-
» rantir, eſt de n'avoir pour elles d'autre
» ſentiment que celui de l'indifférence
» la plus parfaite.

» Ces leçons ſouvent répétées, pro-
» duiſirent ſur le jeune Prince l'effet
» qu'Abdul en attendoit. Un jour que
» la chaſſe des gazelles l'avoit conduit
» ſur le chemin de la Mecque, il ap-
» perçut une troupe de Carmathes, oc-
» cupés à piller une caravanne de Péle-
» rins. Il fondit auſſi-tôt ſur ces impies
» avec les gens qui l'accompagnoient,
» & n'eut pas de peine à les mettre en
» déroute. Encouragé par ce ſuccès,

» Caïm voulut pourſuivre les fuyards, &
» fut légérement bleſſé d'un coup de
» fleche ».

Il entendit en même-temps un cri
perçant, ſe retourna & vit une femme
qui lui tendoit les bras ; mais il ne
daigna pas l'aborder, raſſembla les chefs
de la caravanne, les remit ſur leur chemin, prit congé d'eux, & partit ſans
regarder ſeulement derriere lui.

Cette femme que dédaignoit Caïm,
étoit Azéma, fille chérie du Sultan
Mahmoud, & la plus belle Princeſſe
de l'Orient ; elle revenoit des Villes
Saintes ; ſes yeux pendant le combat
n'avoient point quitté Caïm, & ſon
cœur s'étoit donné à lui ; elle feignit
d'avoir beſoin de repos, fit tendre ſes
pavillons ſur le champ de bataille, y
paſſa trois jours, apprit que Caïm étoit
fils du Calife, & partit pour Gazna,

vec quelque efpérance dans le cœur.

Mais le mal qui la minoit, ne la quitta point, & la trifteffe la faifoit dépérir; Mahmoud s'en apperçut, la preffa, & en obtint l'aveu de fon amour. Ce tendre pere ne favoit lui rien refufer. Il fit auffi-tôt partir pour Bagdad fon Vizir Meïmendi, chargé d'offrir au fils de Cader la main d'Azéma, avec la moitié des richeffes de l'Inde.

Meïmendi revint au bout de deux mois, fe profterna treize fois devant Mahmoud fans ofer proférer une parole. Le Sultan comprit ce filence, « fans » doute (lui dit-il) tu n'as rien que de » finiftre à m'annoncer ». Le Vizir ré- pondit : « Seigneur, le Ciel a frappé » d'aveuglement le Calife de Bagdad. » Cet infenfé refufe l'alliance du fils de » Sebektheghin. Il dit que Caïm hait les » femmes, & qu'il a juré de ne fe ma-

» rier que lorsqu'Abdul lui en aura
» donné l'exemple ».

Et quel est cet Abdul ? (demanda le
Sultan) « c'est, reprit le Vizir, un vil ré-
» fugié de Gazna, qu'on lui a donné
» pour instituteur ». Le conquérant des
Indes sortit indigné de la salle du Divan, s'enferma pendant trois jours, &
le quatrieme on fit des préparatifs de
guerre; mais pour cette fois ils se trou-
vèrent inutiles. Un jour Abdul rêvant
profondément à l'amertume dont ses
premiers plaisirs avoient été suivis, vit
entrer une femme voilée, qui vint se
jeter à ses genoux : Sage & savant
» Hermite (lui dit-elle) tu vois ici la
plus malheureuse des femmes. J'avois
un amant, je l'ai trahi. Il m'avoit sacrifié
sa fortune. Il avoit exposé ses jours pour
sauver les miens, & j'ai causé sa mort.
Sans doute il n'est plus; mais mes re-

mords l'ont vengé. Ils me pourſuivent ſans ceſſe. Si tu ſais quelque moyen pour m'en délivrer , apprends-le-moi ; ſinon laiſſe-moi mourir à tes pieds ».

L'inconnue laiſſa tomber ſon voile : Abdul reconnut Zeila. « O Zeila ! (s'écria-t-il) Zeila ! tu m'es enfin rendue ! je ſais bien que ton ame n'eſt pas faite pour la mienne ; mais mon cœur flétri par la douleur, ne ſauroit réſiſter au ſouvenir du bonheur que tu lui a fais connoître ».

Azéma étoit venue à Bagdad avec Zeila, cachée derriere un rideau avec Cader & Caïm ; elle y attendoit le ſuccès des négociations de ſon artifi-cieuſe compagne. Abdul reçut leurs com-pliments. Caïm ſe ſouvint de ſa pro-meſſe. Les Peuples de Gazna ne maſſa-crerent point ceux de Bagdad.

Mortel, retiens mes leçons ; le bonheur

n'eſt

n'est point fait pour toi. Mais si, comme Abdul, tu peux entrevoir son image, empresse-toi de la saisir ; car tu marches avec sécurité, & la pierre de ton sépulcre presse la plante de tes pieds.

LETTRE IX.

Constantinople.

JE reviens dans ce moment chez moi, fort content d'une visite que j'ai faite au principal Teket, des Dervis Merlevi. Leur Supérieur m'a reçu dans une chambre qui n'étoit séparée que par une simple toile de celle de ses femmes ; il m'a quitté un instant pour passer chez elles, & leur ordonner de chanter.

E

« Les voix des femmes, m'a-t-il dit
en rentrant, réjouissent le cœur, & ce
monde est un monde de fumée, où
il ne faut songer qu'à se réjouir ».
L'heure de la priere étant venue,
les Dervis se rassemblerent chez
lui, il se mit à leur tête & prit le
chemin de la Mosquée ; l'un des
plus jeunes se détacha de la troupe
& me conduisit à une fenêtre, d'où
je pus voir leurs dévotions, qui sont
aussi gaies que leur morale : elles
commencent par une musique douce, toute en semi-tons, dont la mesure lente & l'harmonie mélanco-
lique semblent plonger les Dervis
dans de saintes méditations. Ensuite la musique devient plus vive,

Les Dervis se levent tous à la fois,
se prosternent devant le Supérieur,
& puis tournent sur la pointe du
pied droit avec une rapidité extrême, & leur jupon plissé, qui
s'étend en cercle autour d'eux,
leur donne beaucoup de ressem-
blance avec des toupies.

J'avois été hier jusqu'à l'extré-
mité du fauxbourg de Sancari, pour
y voir les cérémonies religieuses
des Dervis Rufaï. Ils ont commencé
par se mettre en rond, & chanter
à l'oreille les uns des autres ; ensuite
ils se sont agités en différents sens
avec une violence extrême ; en répétant ces mots-là : Illah, hou hou.
Après quatre heures d'un pareil

exercice, ils sembloient être tom-
bés dans une démence qui ne m'a
pas paru entiérement jouée. Les
uns se jettoient à terre & frappoient
de la tête contre les murs, d'autres écumoient, prenoient des con-
vulsions, & s'écrioient qu'ils voyoient
le Prophete. Enfin, l'on a apporté
des crochets de fer rougis sous nos
yeux. Les plus fervents se sont jet-
tés dessus, & les ont tenus dans
la bouche jusqu'à ce qu'ils fussent
entiérement éteints. La cérémonie
a fini par quelques miracles, que le
Supérieur a faits en touchant des
malades & des estropiés.

On pourroit croire en lisant ceci,
que les Rufaïs ont calqué leur dé-

votion sur celles des Convulsionnai-
res de Saint-Médard. Il est certain
cependant qu'ils n'en ont jamais eu
connoissance. Mais tel est le caractere de la superstition. Si notre œil
perd quelquefois sa trace dans les
courbes excentriques que l'imagination lui fait décrire, bornée comme
l'imagination elle-même, nous la
revoyons bientôt rentrer dans les
mêmes cercles, & tangente aux
mêmes points.

LETTRE X.

Le 28, à Constantinople.

J'AI employé deux lettres entieres à vous parler des amusements

des Turcs, parce que j'ai cru qu'un peuple s'y peignoit mieux que dans toutes les autres circonstances de sa vie privée. Je ne vous ai point parlé de leurs mœurs & de leur caractere national, parce que je remettois ce sujet à des temps où un plus long séjour m'auroit mis à portée de m'en instruire davantage; mais je pars dès ce soir, & je ne saurois me résoudre à quitter ce pays, sans essayer au moins de vous inspirer quelqu'intérêt pour le peuple qui l'habite. Les Turcs, jadis féroces & guerriers, paroissent enfin être revenus à cette humeur douce & tranquille qui distingue les nations de l'Asie. L'esprit de paix qui défend aux Bramines d'attenter à la vie des animaux, semble inspirer également l'habitant du Bosphore. Vous aurez sans doute entendu parler du soin qu'on prend à Constantinople, des chiens & des chats qui peuplent les rues de cette ville. Mais ces animaux ne sont pas les seuls qui aient droit aux libéralités des Turcs. Un nombre infini de tourterelles & de ramiers qui habitent librement tous les toits, vont au-devant des barques chargées de grains, & ont l'air d'y exiger avec hauteur leur droit, fixé généralement à une mesure par sac. Les oiseaux aquatiques, dont le canal est couvert, se détournent à

peine quand la rame eſt prête à les
coucher , & leurs nids ſont reſpec-
tés , même des enfants , qui ſeroient
par-tout ailleurs leurs ennemis na-
turels. Enfin la confiance mutuelle
rétablie entre l'homme & les animaux , ſemble ramener quelquefois l'obſervateur à l'enfance de la
nature ; mais ce qui achevera ſans
doute de vous gagner en faveur
des Turcs , c'eſt leur reſpect pour
les arbres ; les couper eſt un crime
énorme , qui fait murmurer tout le
voiſinage , auſſi n'eſt-il rien qu'on
ne faſſe pour l'éviter. Souvent j'ai
vu des boutiques bâties autour d'un
grand platane , qui ſortoit par le
toit & le couvroit de ſon feuil-

lage, ou des murs traversés par
des branches, qu'on n'avoit pu
se résoudre à retrancher. Les vieux
arbres sont la plupart entourés
d'une terrasse qui sert à contenir
leurs racines. Les jeunes ont des
abris de nattes, & cela dans des
terreins qui n'appartiennent à personne.

Un autre point sur lequel les
Turcs paroissent, au premier coup-
d'œil, se rapprocher des autres
Nations de l'Orient, est leur goût
pour le faste. Les promenades du
Grand-Seigneur sur l'eau, sa marche à la Mosquée, le départ de la
caravanne de la Mecque, sont autant de spectacles pompeux, qu'il

suffit de nommer pour réveiller
l'idée de la magnificence. Mais il
faut considérer que ce faste est plutôt
à Constantinople d'étiquette que de
goût. Celui qui n'y est pas obligé par
sa place, se garde de l'afficher. Le
plus riche n'habite qu'une maison
dont les dehors annoncent à peine
l'aisance, & réserve le luxe pour
l'appartement de ses femmes, qui,
à leur tour, ne se parent que pour
lui. Leur maxime est qu'il faut
jouir, & non paroître jouir. De-là
cette Philosophie si douce, qu'on
ne retrouve que dans les écrits des
Orientaux, qui ne s'exprime point
par des paradoxes brillants, mais
par des apologues d'une vérité frap-

pante, & paroît chercher plutôt à
s'épancher qu'à se répandre. La
Poéſie n'y eſt employée qu'à ramener ſans ceſſe à la nature, par
des objets de comparaiſon choiſis
entre ſes plus belles productions.
L'allégorie inventée dans l'Orient
pour mettre la penſée à l'abri des
premieres fureurs du deſpotiſme,
y reparoît ſans ceſſe avec la ri-
cheſſe de la plante reſemée ſur ſon
ſol natal, & la morale ſe cachant
ſous ſes traits, n'y prêche que le
mépris des grandeurs, le bonheur
de la vie privée, & ſur-tout le repos; car l'Apôtre du repos eſt toujours ſûr de ſe faire écouter dans
l'Orient; rien ne le prouve mieux

que les environs de Constantinople.
Le nom même de promenade y
est inconnu, mais on y trouve une
foule de reposoirs charmants : ce
sont de petites terrasses de ma-
çonnerie, placées dans quelque site
heureux, à l'ombre d'un immense
platane ; tout auprès est une fontaine, un âtre à faire le café, &
un michrab pour y dire sa priere.
Une inscription apprend qu'ils ont
été construits aux frais d'un chari-
table Musulman, qui a voulu que
son nom soit béni à l'avenir par ceux
qui viendroient s'y reposer. C'est
aussi là que l'Habitant de Constantinople vient étendre ses tapis & ses
sophas, & jouissant en silence des

beautés de la Nature qui l'environne, il y paſſe des journées entieres, plongé dans ces douces rêveries, dont le charme ignoré des eſprits actifs, eſt ſi connu des ames contemplatives.

Le 28 Juin, en Mer.

Déja je ſuis à bord de la Sainte-Anne, Corvette Françoiſe qui doit me porter à Alexandrie. Votre penſée doit me ſuivre déſormais au travers des ſables brûlants de l'Afrique. Il eſt juſte de l'arrêter encore un inſtant ſur les rivages délicieux que je ſuis peut-être deſtiné à ne plus revoir. L'eſpece d'enchantement que j'éprouvai en

les voyant pour la premiere fois,
m'avoit empêché de les décrire,
& je les quitte fans que le preftige
foit entiérement diffipé. Mais tandis que je veux vous les peindre,
la vîteffe avec laquelle nous nous
en éloignons, m'en ôte la poffibi-
lité. Déjà je ne vois plus ce baffin
fuperbe, toujours couvert de voiles
auffi légeres que le vent qui les en-
fle. Je ne vois plus l'amphithéâtre
qui l'entoure, les minarets qui le
couronnent, les murs impofants de
ce ferrail, qui a vu tomber tant de
têtes, & gémir tant de beautés;
enfin la vue n'a plus pour fe re-
pofer, que de vaftes cimetieres. Là,
entre les ronces & les cyprès, s'éle-

vent des milliers de tombeaux qui
entourent la Ville , & servent de
cadre au tableau magnifique dont
j'ai voulu seulement indiquer quelques traits. Déjà hors de la portée
de mes yeux , il se représente. encore à mon imagination ; mais lorsqu'il s'agit de décrire , l'imagination est pour les voyageurs un guide
trop dangereux, & la raison m'aver-
tit de finir. Adieu , le vent est favorable , & nous espérons nous rendre dans peu aux Dardanelles , où
j'aurai soin de faire remettre cette
Lettre.

LETTRE XI.

Le 30, aux Dardanelles.

NOTRE navigation fur la Mer-Blanche a été lente, mais agréable. Nous jouiffons toujours de la vue des Ifles de Marmara, & des côtes de l'Europe & de l'Afie, qui, quoique moins pittorefques que vers le canal, ont un genre de beauté plus fimple, mais qui plairoit davantage à beaucoup de monde.

Nous venons de jetter l'ancre auprès d'un joli village ; il ne confifte qu'en une Mofquée, un café & quelques maifons de campagne, bâtis de la maniere du monde la plus agréable. Malheureusement nous devons nous contenter de la vue de ce pays; car la peste qui commençoit déjà à se déclarer à Constantinople, lorsque nous en sommes partis, fait ici des ravages affreux, ainsi que dans tout l'Archipel. Nous avons pris la résolution de ne point communiquer avec les Habitants; mais nous ne sommes pas encore tout-à-fait hors de danger, car les Douaniers Turcs veulent absolument venir demain à bord, & ne peuvent pas comprendre que la peste soit une raison de se garder.

Le 2 Juillet, aux Dardanelles.

. . . . Juvat ire ,
Et Dorica Castra videre littusque relictum.
Hic Dolopum manus hic sævus tendebat
Achilles.

JE viens de les voir ces lieux
où campoit la troupe des Dolopes,
& celle du cruel Achille, ainſi que
le village où jadis étoit Troye.
On dit que les payſans Grecs, qui
l'habitent, ſavent tous qu'il y a eu
là une grande Ville détruite pour
l'amour d'une femme, mais c'eſt
ce que je ne ſaurois vous aſſurer ;
car tout ce que je vous dis là, je
ne l'ai vu que de mon vaiſſeau.
Nous avons paſſé toute la matinée
à louvoyer dans le canal de Téné-

dos, où nous avons trouvé, non les flottes de Ménélas & d'Agamemnon, mais une Escadre Espagnole, qui alloit porter à Constantinople les présents destinés au Grand Seigneur. Voilà, comme vous voyez, une journée commencée d'une maniere brillante; elle n'a pas fini de même. Nous avons été accueillis sur le soir par une bourasque, qui nous a obligé de rentrer dans le canal, avec nos voiles déchirées & nos agrêts en assez mauvais état.

Le 3, en Mer.

APRÈS avoir passé la matinée à remédier aux dommages de la veille, nous avons mis à la voile

vers les onze heures, & profitant
d'un vent frais de Nord-est, nous
nous sommes trouvés, à l'entrée de
la nuit, hors du canal qui sépare
l'Isle de Lesbos d'avec les côtes de
l'Asie mineure. Me promenant sur
le gaillard avec le Capitaine, nous
entendîmes une voix que nous ju-
geâmes d'abord venir de quelque
bateau que l'obscurité nous em-
pêchoit d'appercevoir. Mais la voix
s'affoiblissant peu-à-peu, & semblant demander du secours, on ju-
gea que c'étoit un homme qui se
noyoit. Le Capitaine fit aussi-tôt
virer de bord, & mettre le canot
à la mer. On trouva effectivement
un Turc qui se tenoit à trois plan-

ches qu'il avoit liées avec son turban. On l'a mis auprès du feu, &
l'on a cherché à savoir les détails
de son aventure ; mais la joie qu'il
avoit de se voir hors de danger, lui
ôtoit presque l'usage de la raison,
& ses discours n'avoient aucune
suite. Bientôt après il s'est endormi
d'un profond sommeil, provenant
sans doute de l'épuisement de ses
forces ; s'il se trouve demain en
état de contenter notre curiosité,
je ne manquerai pas de vous faire
part de son récit ; mais ce que je
ne saurois vous faire partager,
c'est le plaisir que cette aventure
m'a fait, car il faut l'avoir éprouvé,
pour pouvoir le comprendre.

NOTRE Turc s'est éveillé ce matin assez bien portant. Les premieres paroles qu'il a proférées, ont été des transports de reconnoissance envers notre Capitaine, dont il vouloit, disoit-il, se faire l'esclave, pour s'acquitter envers lui. Cet homme s'appelle Ahmed, il est au service de l'Aga d'une petite ville de la côte, appellée Bayram-Calasi. Il s'étoit mis le matin sur une barque du pays, pour traverser le Golfe de Cazdaly : la barque avoit été renversée par un coup de vent, & de huit hommes qui s'y trouvoient, les uns s'étoient d'abord noyés, d'au-

tres avoient faifi des planches,
mais Ahmed ne favoit pas ce qu'ils
étoient devenus. Quant à lui, il avoit
eu l'adreffe de lier trois planches avec
fon turban, & de fe débarraffer du
refte de fes vêtements, & cela tout
en nageant. Un Grec qui avoit
une bourfe pleine d'or pendue à fon
cou, la lui avoit offerte pour une
de fes planches, qu'il avoit refufée.
Sur le midi, deux barques de Grecs
avoient paffé affez près de lui fans
vouloir le fecourir. Pendant toute
la journée, beaucoup de marfouins
avoient joué autour de lui, & lui
avoient fait grande peur, mais point
de mal. Enfin lorfque nous l'avons
rencontré, il étoit dans l'eau de-

puis plus de quatorze heures. Le froid l'avoit tellement saisi, qu'il n'avoit plus la force de tenir ses planches, & il nous a assuré qu'un quart-d'heure plus tard, il auroit infailliblement péri. Ainsi vous jugez aisément combien nous devons nous féliciter de nous être trouvés là si à propos.

Le Golfe de Cazdaly est une très-belle plage, située au pied du Mont Ida. Nous devons y charger des bois de charpente pour Alexandrie; car ce pays est, comme autrefois, fameux par ses forêts. Les Marchands qui en avoient à vendre, sont venus en barque au-devant de nous, pour obtenir la préférence Quelques-un

Quelques-uns étoient de la connoissance de notre Ahmed, & leurs
bénédictions nous ont accompagnés
jusqu'au port.

Autre événement. Un brigantin
de fort mauvaise mine, vient de
mouiller dans une calangue assez
proche de nous. Comme l'Archipel
est à présent plein de forbans, nous
pensons que ce pourroit en être un,
& nous comptons passer la nuit sous
les armes.

Le 5, à Cazdaly.

Nous avons été reconnoître ce
matin l'armement qui nous avoit
donné l'alarme hier au soir. Il s'est
trouvé que ce n'est qu'un François
chargé d'esclaves pour Constanti-

F

nople, dont le bâtiment conſtruit pendant la guerre, par des corſaires Mahonnois, nous paroiſſoit ſuſpect à très-juſte titre. Adieu, je ferme ma lettre ; mais elle doit être remiſe à un meſſager Turc, payé d'avance, & je crains qu'elle ne vous parvienne pas.

LETTRE XII.

Le 18, à Cazdaly.

JE vous ai dit que l'endroit où nous ſommes depuis quinze jours, eſt une belle plage, ſituée au pied du Mont Ida, dont les forêts s'étendent juſqu'à la mer. Au milieu de cette contrée sauvage sont quelques jardins, dont la culture est assez soignée pour le pays. C'est dans l'un d'eux que j'avois établi ma demeure : un berceau de treille adossé contre une cabane, forme tout mon appartement. A quelque distance est une petite riviere, sur laquelle on a jetté des planches & bâti un café, où l'air est toujours rafraîchi par l'eau, qui coule sous le plancher, & par l'ombre d'un grand platane, dont le feuillage sert de toit. C'est-là que se tiennent une fois la semaine des marchés, où se rassemblent tous les Habitants des environs; de l'autre côté de la riviere sont deux autres platanes, dont l'un sert d'abri aux voya-

geurs, l'autre aux chameaux ; ils
sont assez grands pour couvrir toute
une caravanne. Les Habitants nous
en avoient d'abord imposé par leur
air fier & les armes dont ils sont couverts ; mais nous avons bientôt reconnu que c'étoit le peuple le plus
doux de la Turquie. J'ai profité de
cette découverte pour me perdre à
plaisir dans les vallons & les forêts
de l'Ida ; les beautés de la Nature,
quoique répandues avec profusion,
n'étoient pas les seuls charmes qui
m'y retenoient. J'y voyois les champs
où l'heureux Pâris avoit gardé ses
troupeaux ; les cedres qu'Hector
balançoit dans ses mains ; le laurier
qui a conservé ici le nom de Daphné,

& toutes ces choses faisoient revivre
en moi l'idée de l'antiquité, mieux
que n'eussent fait des marbres & des
colonnes. Enfin c'est aujourd'hui que
nous quittons ce séjour, mais ce ne
sera pas sans regrets, au moins de ma
part, car j'y étois heureux, de ce
bonheur tranquille qu'on goûte à se
rapprocher de la Nature. On n'attend
plus pour mettre à la voile, qu'un
Cadi des environs qui va à la Mecque, & doit s'embarquer avec nous.

Le 20, en Mer.

Nous avons passé cette nuit entre les Isles Mosconis & l'Isle de
Lesbos, fameuses pour avoir donné
naissance à Sapho, & à ce genre

F 3

d'amour que les Dames Turques
ont depuis renouvellé des Grec-
ques. Vers le midi, nous avons paffé entre Chio & le port de Cizmé,
fi fatal à la marine Ottomane. Nous
y avons trouvé l'Efcadre du Capitan Pacha, à qui cette vûe ne devoit
pas donner des fouvenirs bien agréables.

Le 20, en Mer.

Si vous voulez me fuivre fur les
côtes de l'Archipel, il vous faudra
d'abord paffer entre Samo & Nica-
ri , enfuite entre Nacri & Gato-
niffi , enfin dans l'Ifle de Cos, où
nous arriverons dans un moment. Il
n'eft pas fûr que nous y defcendions,
car peut-être la pefte y regne,

comme dans les autres Isles. Mais cette lettre sera toujours remise au Consul de France, & j'espere qu'elle vous parviendra.

LETTRE XIII.

Le 16 Août, à Alexandrie.

LA peste étoit très-forte dans l'Isle de Cos, presque toute la maison du Consul en étoit morte ; ainsi vous jugez bien que nous nous sommes gardé d'aller à terre, & que nous avons continué notre route. Le lendemain 21 Juillet, nous avons rangé de très-près la ville de Rhodes : j'y ai ressenti le premier accès d'une fievre , qui m'a rendu fi foible , que vingt-quatre heures après je ne pouvois plus quitter mon lit ; bientôt le Chevalier Kownacki s'est trouvé atteint de la même maladie ; ensuite tous mes domestiques & un Missionnaire qui s'étoient joints à nous , se sont trouvés dans le même état. J'ignore absolument tout ce qui s'est passé pendant mon voyage de Rhodes à Alexandrie. Arrivé devant cette ville , je n'avois pas la force de monter sur le gaillard, & je me suis traîné à la proue ; mais au lieu de voir le port, ma foiblesse ne m'a laissé appercevoir qu'un nuage blanc ; & j'ai regagné mon lit , avec assez de peine. J'ai

quitté le vaisseau au bruit du canon
qu'on tiroit pour me faire honneur ,
& qui m'a rompu la tête au point
de me faire évanouir. Venu dans la
maison du Conful , j'ai appris que
ces environs délicieux du Mont Ida ,
dont je vous ai dit tant de bien , font
fitués fous le climat le plus perfide.
J'y avois paffé quinze nuits en plein
air , c'eft plus qu'il n'en faut pour y
prendre toutes les fievres du monde.
Mais ce n'eft pas abfolument ma
faute , car je n'étois pas averti ; nous
avons heureufement trouvé ici tous
les fecours imaginables , un fort
bon Médecin , & dans la maifon du
Conful , autant de foins que j'aurois
pu en trouver chez vous. Auffi je

n'ai pas tardé à me rétablir. K***
m'a suivi de près ; mais mes gens
ont eu des rechûtes , & aucun n'eſt
en état de me ſuivre au Caire. Je
me prépare actuellement à ce voyage , que je dois faire dans cinq ou ſix
jours. Déjà vous ne me reconnoî-
triez plus. Je porte un grand turban à la Druſe ; j'ai la tête raſée, &
des habits à l'Egyptienne , qui font
un peu différens de ceux de la Turquie. Je ne vous parle ni de la
colonne de Pompée , ni de l'aiguille
de Cléopâtre , ni des catacombes ,
ni de toutes les autres antiquités
d'Alexandrie , dont tous les voyageurs ont déjà tant parlé.

LETTRE XIV.

Le 17 Août, à Rosete.

JE vous ai écrit hier que je devois partir pour le Cairé dans cinq ou six jours. C'étoit en effet mon projet ; mais il s'est trouvé que le Reis de la Gerace que j'avois arrêté, étoit de Rosete, & qu'il vouloit passer chez lui les fêtes du Bairam ; ainsi j'ai été obligé de partir ce matin. Nous avons fait huit lieues le long d'une côte aride, ensuite nous sommes entrés dans le Boghaz, à l'embouchure du Nil. Ce passage est dangereux, à cause d'un banc de sa-

ble qui se trouve à l'entrée. Un
Pilote côtier s'y tient ordinaire-
ment, & fait des signaux, d'après
lesquels les bâtiments gouvernent.
Toutes ces précautions ne nous
ont pas empêché de toucher. Mais
les eaux du Nil étant déjà assez
hautes, nous avons bientôt remis
à flots.

Le pays depuis le Boghaz jusqu'à
Rosete, est d'une beauté admirable.
De plus, il est placé à côté d'un
désert de sable, & le passage de
l'un à l'autre est si rapide, qu'il
semble tenir du prestige. Rosete
est mieux bâtie qu'Alexandrie; elle
paroît aussi plus opulente, & à proportion plus peuplée, quoique la
peste

pefte lui ait enlevé ce printemps plus d'un tiers de fes habitants. On m'a mené ce foir dans le jardin d'un nommé Abou Haffan, qui paffe pour le plus beau de la ville. C'eft une forêt de cocotiers, de bananiers, de cachemantiers, de jafmins d'Arabie, & d'une foule d'arbres & d'arbuftes inconnus en Europe ; elle eft traverfée de fentiers bordés de ruiffeaux, où l'on croiroit voir l'intention de nos promenades fauvages. Mais ces gens-ci ne plantent que pour avoir de l'ombre, des fruits & des fleurs ; & fans doute ils feroient moins bien, s'ils avoient d'autres prétentions.

G

Nous nous sommes embarqués ce soir, pour le Caire. Jamais navigation ne m'a paru plus agréable. Les eaux du Nil qui s'élevent déjà au niveau des côtes, nous laissent voir la campagne à de très-grandes distances. Ce sont par-tout des forêts de palmiers & de sycomores, des champs couverts de rizieres, dont le vert doré ne ressemble à rien de ce que l'on voit chez nous, & un nombre prodigieux de villages, qui étonneroit, si l'on ne savoit pas que toute la population de l'Egypte est rassemblée sur les bords de ce fleuve bienfaisant. Le jour commence à baisser ; on range les armes , & on se prépare à faire sérieusement la garde , car il y a autant de corsaires sur le Nil , que sur quelque mer que ce soit.

Le 22 , à Boulak.

DEPUIS deux jours, la fievre m'a repris d'une maniere assez violente , & a beaucoup ôté à l'agrément de mon voyage. Nous sommes arrivés fort tard à Boulak , petite ville qui sert de port à la capitale de l'Egypte, & qui est même regardée comme un de ses fauxbourgs. Je dois y passer la nuit , chez un Négociant Vénitien , à qui je suis recommandé. La premiere chose qui m'a frappé en entrant chez lui ,

G 2

a été de voir un sallon de compa-
gnie, sans toit & sans plafond ; mais
cette partie de la maison est inutile
dans un pays où il pleut à peine une
fois tous les deux ans, & cela très-
foiblement.

Le 23, au Caire.

NOTRE entrée au Caire ne m'a
point offert de tableaux agréables.
Depuis près d'un mois, la famine
désole cette ville immense. Cet
affreux fléau que je connoissois à
peine par les descriptions des Histo-
riens, je l'ai vu ici dans toute son
horreur. Il a été principalement
occasionné par l'avarice des Beys
qui ont fait exporter les grains dans
le moment où il y en avoit le

moins. Cette mauvaise opération
avoit fait tout de suite monter le
bled jufqu'à dix fois fa valeur ordinaire. Lorfque le peuple le fut,
il fe raffembla dans les Mofquées,
maudit fes Maîtres, & demanda au
Ciel de lui envoyer la pefte, pour
finir à la fois tous fes maux. C'eft
à cela que s'eft borné toute fon
énergie. A préfent les rues font
jonchées de vieillards, de femmes
& d'enfants nuds exténués par la
faim & défigurés par une maigreur
effrayante. Il eft inutile de vouloir
donner l'aumône, car elle ne man-
que guères d'occafionner des querelles, & le plus fort l'a bientôt
enlevée à celui qui en auroit le plus

de befoin , & que fa foibleffe empêche déjà de fe défendre. Malgré tout
cela , les riches font bonne chere ;
mais il n'eft pas permis à tout le
monde de la goûter dans de pa-
reilles circonftances.

Mes fenêtres donnent fur le
Kalifch, qui eft la rue du Caire
la plus fréquentée dans cette fai-
fon-ci ; elle l'eft fur-tout beaucoup par les Spectacles ambulans
de toute efpece , pour lefquels
cette ville eft fameufe. J'y ai déjà
remarqué des gens qui faifoient
danfer une efpèce de babouin à
longue queue, que je ne crois
pas avoir été connu de M. de
Buffon ; d'autres qui fe battoient

avec des couleuvres de plus de
dix pieds de longueur; d'autres qui
fautoient à travers des cerceaux
très-étroits & garnis de poignards.
Mais le Spectacle qui a le plus
de réputation au Caire, est celui des Raghouaz ou Danseuses,
qui sont la plupart assez jolies,
contre l'ordinaire des femmes de
l'Egypte. Elles ont le visage découvert, les cheveux flottants,
font décolletées jusqu'à la ceinture,
& leurs danses approchent encore
plus de la vérité que celles de la
Turquie. A côté de ces Prêtresses
de la volupté, une femme me mon-
troit son enfant qui venoit d'ex-
pirer faute de nourriture; d'autres

affamés qui n'avoient plus la force
de se soutenir, s'appuyoient contre
les murailles, pour pouvoir arriver jusques sous mes fenêtres ;
quelques-uns tomboient en chemin. J'ai jetté de l'argent dans la
rue ; mais cette générosité a fait
un mauvais effet ; car tous les men-
diants du quartier se sont mis à
assiéger la maison, & ils y sont
encore à pousser des cris affreux.

La rue dont je vous parle sera
demain métamorphosée en canal &
remplie par les eaux du Nil, que
l'on y introduit en grande pompe.
Le but de cette cérémonie est
d'avertir le Peuple, que le Nil a
pris son accroissement ordinaire.

On dit qu'elle est fort curieuse ; si
cela est, je ne manquerai pas de vous
en rendre compte lorsque je l'aurai
vue.

LETTRE XV.

Le 24, au Caire.

LA fête a été très-brillante ; les
rues, les fenêtres & les toits étoient
remplis de monde. L'eau ayant tardé à venir, on a remarqué un peu
d'inquiétude, mais son abondance
a bientôt rassuré tout le monde : &
ce malheureux peuple a poussé des
cris de joie, sans songer que la faim
en feroit périr une partie avant

qu'il pût voir cette récolte dont
il se promettoit tant de bien.
Rien n'égale le respect superstitieux
des Habitants de l'Egypte pour
le fleuve qui les nourrit. Quelques-
uns se faisoient un plaisir de traverser dans tous les sens cette eau
bourbeuse. Les meres y faisoient
plonger leurs enfants qui en sor-
toient noirs comme des crapauds.
Enfin la foule ne s'est dissipée que
lorsque l'eau est devenue assez haute
pour l'obliger à se retirer. Depuis
ce temps, le Kalisch a été couvert
de barques élégantes, dont les ra-
meurs accompagnent leur travail
d'un chant peu varié, mais harmonieux, & qui n'a rien des cris

argus & diſſonants de la muſique
Turque. Le Pacha & les principaux Beys aſſiſtent à l'ouverture du
Kalisch, & témoignent par écrit
que l'eau y eſt entrée : ſans cela, le
Grand-Seigneur ne pourroit exiger aucun tribut de l'Egypte. Mais
tout cela n'eſt que cérémonie, car
les Beys gardent également pour
eux tous les revenus de ce pays,
& n'envoient abſolument rien à
Conſtantinople.

LETTRE XVI.

Le 6 Septembre, au Caire.

C'Est encore à vous parler d'une
cérémonie, que cette Lettre eſt

confacrée. La caravanne de la Mecque eft fortie ce matin accompa-
gnée des Ogiaks, des Beys,
de tous les corps de Milice & de
toutes les Sectes tolérées au Caire.
L'ordre de cette marche a été ré-
glé par Sélim II, lors de la con-
quête de l'Egypte, & l'on y con-
ferve les coftumes de fon fiecle : ce
font des cottes de mailles couvertes
de peaux de tigres ; des chals qui
enveloppent la tête & le vifage, &
flottent au gré du vent ; des bou-
cliers, des carquois enrichis de
pierreries, des fleches dorées & des
lances ployantes, en ufage chez
les anciens Arabes. Parmi les Sectes les plus remarquables, étoit celle

des Mahvis, connus jadis sous le
nom d'Ophiophages, ou mangeurs
de serpents. Ils tenoient dans chacune de leurs mains une poignée
de ces animaux, & les dévoroient
avec des grimaces très-propres à
leur attirer l'attention & le respect
du Peuple ; mais le principal objet
de la dévotion publique, étoit le
chameau chargé du mahmal, espece de pavillon richement brodé,
dans lequel il est censé porter à la
Mecque les prieres de tous les
bons Musulmans. Ce chameau étoit
immédiatement suivi de l'étendard
de Mahomet, qui fermoit majes-
tueusement la marche. Quant à
nous, notre plus grand plaisir a été

d'avoir tout vu sans accident, car malgré le soin que nous avions de nous tenir cachés derrière des especes d'auvents, nos turbans à la Druse & notre air étranger nous avoient attiré l'attention de quelques jeunes Mamelucs, qui, d'un toit voisin, nous lançoient des oranges vertes & des pierres avec une roideur qui faisoit honneur à leur adresse dans cet exercice. Les Zerchlis se sont aussi amusés à diriger quelques fleches contre nos fenetres, mais aucune ne nous est parvenue, & nous avons regagné heureusement notre logis.

LETTRE XVII.

Les deux Beys regnants, Ibrahim & Mourad, ont été accompagner la caravanne jusqu'à sa seconde station, c'est-à-dire, à trois lieues de la Ville. On dit que la piété n'est que le prétexte de cette démarche, qui cache un commencement de guerre entre ces deux Souverains. On assure qu'ils ont caché la plus grande partie de leurs trésors dans les selles de leurs dromadaires, & que les gens de leur suite ont des cottes de mailles

fous leurs habits. Ces nouvelles
ont donné beaucoup d'inquiétude
aux Négociants Francs, qui ne fau-
roient qu'y perdre, quelle que foit
la fin de ces querelles, vû qu'ils
ont de grands crédits chez des gens
de l'un, & de l'autre parti. Celui
chez qui je loge, a la plus grande
partie de fa fortune entre les mains
de Mourad ; ainfi vous jugez bien
que tous nos vœux font pour lui.

Le 12.

La guerre a enfin éclaté entre
les Beys. Ibrahim voyant que fon
parti étoit le plus foible, & qu'il
diminuoit tous les jours, a fait pro-
pofer à Mourad, de remettre la

décifion de leur fort au hafard d'une bataille générale. Celui-ci, quoique reconnu pour très-brave, a refufé le combat, & eft allé fe placer à Athalnabie, à une lieue du Caire. Ibrahim eft rentré en Ville, & s'eft emparé des portes du château, où il doit être joint par ceux de fon parti. On craint que la bataille ne fe donne dans la Ville même, & que le Peuple, preffé par la famine, ne profite de ce défordre pour fe porter à quelque fédition. Les Francs croient déjà voir piller leurs magafins, & la tête tourne à tout le monde.

Le 13 , au Caire.

Nous avons appris ce matin

qu'Ibrahim n'ayant pu rassembler
que six ou sept cents hommes, aux-
quels il peut se fier, a pris le parti
de s'enfuir à travers les déserts du
Scharb, pour se retirer dans la
haute Egypte; Mourad est rentré
en Ville, & s'est fait proclamer
Cheïk-Albeld, c'est-à-dire, Souverain de tout le pays. Notre maison
en a fait des feux de joie. Telle a
été la fin d'une révolution, à laquelle nous avons pris beaucoup
d'intérêt. Je profiterai de la tran-
quillité dont le pays va jouir, pour
aller voir les pyramides, & je ne
manquerai pas de vous faire part
de ce que j'aurai vu, & de la maniere dont j'aurai vu.

LETTRE XVIII.

Le 26 , au Caire,

J'AVOIS apperçu pour la premiere fois les pyramides , lorsque
remontant de Rosete au Caire ,
j'eus atteint la pointe du Delta.
J'en étois à dix lieues , & elles
m'avoient paru comme des mon-
tagnes ; dont la couleur bleuâtre
annonçoit une grande élévation. Je
les avois perdues de vue en me rap-
prochant du Caire ; & je ne les re-
trouvai plus que vers Gizeh. La
distance de ce village aux pyramides est de trois lieues , & paroît à

peine de six cents pas. Je diſtin-
guois parfaitement leurs différentes
aſſiſes, & juſqu'aux ſéparations des
pierres, qui ne me paroiſſoient alors
que de la grandeur de nos briques,&
mes yeux meſurant la hauteur de ces
monuments ſur cette fauſſe échelle,
n'y trouverent plus rien de mer-
veilleux. La même choſe m'étoit
arrivée à Saint-Pierre de Rome,
& doit arriver néceſſairement à la
vue de tout édifice, lorſque la parfaite proportion de ſes parties ne
laiſſe pas d'objet de comparaiſon
qui puiſſe faire juger de la grandeur de leur enſemble. Pour juger
donc de celle des pyramides, il faut
aller juſqu'à leur baſe ; alors le ſom-

met disparoît peu-à-peu, & l'on ne voit plus que l'entassement des blocs énormes dont on avoit d'abord si mal jugé. Alors si l'on veut porter la clarté du calcul sur le témoignage rectifié de ses sens, on trouve que le nombre de ces blocs se monte à plus de trois cents trente-quatre mille trois cents soixante - sept, qui font une solidité de soixante-deux millions trois cents neuf mille six cents pieds cubes.

Alors que l'on s'éloigne autant que l'on voudra, l'imagination fatiguée de calcul, ne garde plus que l'idée de l'immensité & la conserve toujours.

Les Arabes qui savent que les

voyageurs sont curieux de graver leurs noms à l'entrée de la pyramide, sont venus m'apporter un ciseau ; je m'en suis servi pour y faire placer ce vers du Poëme des Jardins :

Leur masse indestructible a fatigué le temps.

Et quels monuments ont mieux mérité une pareille inscription ? Trente siecles en ont à peine ébréché quelques saillies. Les tremblements de terre n'en ont pas déjoint une assise. L'angle de leur inclinaison fait servir à leur stabilité cette même force de gravité qui détruit tous les monumens des hommes. Les efforts réunis de toute la population actuelle de

l'Egypte , ne suffiroient plus pour
les égaliser au sol qui les supporte ;
& qui sait si la Nature elle-même ,
jalouse de voir les ouvrages de l'Art
atteindre à la durée des siens, auroit
des moyens pour les anéantir ? Telle
est l'impression que m'a faite la vue
des pyramides : vous trouverez peut-
être qu'elle tient de l'enthousias-
me, & j'en conviendrai sans peine ;
mais quelle est l'ame assez inacces-
sible à l'admiration , pour pouvoir
toujours se défendre de ce sentiment exalté ? & peut-il jamais être
plus excusable ? Je sens cependant
que la plume du voyageur, descrip-
tive comme son crayon , ne doit
point aller au-delà de ce qu'il voit,

& je m'empreffe de faire reprendre à la mienne le caractere qui lui convient.

La grande pyramide étoit en-tourée de plufieurs petites, dont les bafes fubfiftent encore. On y reconnoît aifément la fituation de celle qu'Hérodote dit avoir été bâtie par la fille de Chéops, aux frais de fes amants, qui payoient chacune de fes faveurs d'un bloc de pierre d'Ethiopie. Cette pyramide n'avoit, felon notre Auteur, qu'un phletre de bafe, c'eft-à-dire, foixante-fept pieds & demi ; elle étoit donc beaucoup plus petite que celle dont nous venons de parler; mais je me fuis convaincu que c'étoit parce

que

que les pierres en étoient moindres, & non pas parce qu'il y en avoit moins. Cependant en ne prenant que la moitié du nombre marqué ci-deſſus, nous aurons cent ſoixante-ſept mille trois cents quatre-vingt-trois faveurs & demie, ſomme qui, pour une jeune Princeſſe, paroîtra toujours aſſez conſidérable.

A trois cents pas des pyramides ſe voit la ſtatue coloſſale du ſphinx, ou plutôt la tête de cette ſtatue, car tout le reſte eſt enſeveli ſous le ſable. Cette tête eſt ſi groſſe, que toute ma petite caravanne s'étoit miſe à l'abri ſous ſon menton, & s'y trouvoit fort à l'aiſe.

J'aurois beaucoup deſiré pouvoir

monter au sommet de la plus haute
des pyramides, d'où j'aurois vu toute
l'Egypte étendue à mes pieds comme fur une Carte géographique.
La chofe n'eft pas fort difficile ;
mais mes forces ne m'ont pas permis de l'entreprendre. J'ai eu même
affez de peine à en parcourir l'in-
térieur, pour parvenir jufqu'au tom-
beau du Pharaon; j'ai paffé fept à
huit heures à deffiner ces monuments de la grandeur des Egyp-
tiens. Je comptois y revenir encore, mais je me fuis apperçu en
retournant à Gizeh , que j'avois
gagné un coup de foleil qui m'avoit
brûlé la moitié du vifage & fort
enflammé le fang. Le lendemain j'ai

repris la fievre, & suis retourné au Caire. Si les amers font leur effet ordinaire, je ferai dans trois ou quatre jours en état de faire le voyage d'Alexandrie, sauf à reprendre la fievre à la premiere occasion. Adieu : chaque pas que je ferai déformais, sera pour me rapprocher de vous.

LETTRE XIX.

Le 8 Octobre, à Alexandrie.

Nous sommes partis de Boulak le premier Octobre ; la nuit suivante nous avons été côtoyés par des pi-

rates, mais comme ils étoient plus
mal armés que nous, ils n'ont pas
jugé à propos de nous attaquer.
Nous sommes arrivés le même jour
à Rosete. Le lendemain, les Arabes ont fait une incursion dans les
fauxbourgs de cette Ville. Le Chevalier Kownacki qui s'y promenoit
alors, a manqué de tomber entre
leurs mains.

Alexandrie, où nous sommes depuis deux jours, vient d'échapper à
un fléau non moins fàcheux que la
famine. On a manqué d'y mourir
de soif, & voici comment. Cette
Ville est située au milieu d'un désert
de sable, & à plus de dix lieues du
Nil & de toute espece d'eau douce.

Alexandre, qui vouloit placer dans cet endroit le siege de son empire, avoit paré à cet inconvénient, en faisant creuser un canal qui y conduisoit les eaux du Nil, & servoit en même-temps au transport des marchandises. Ce canal, comblé peu-à-peu par la négligence des gens du pays, ne se remplit plus que pendant le plus grand accroissement du fleuve. Alors tout le monde est très-empressé à creuser des canaux pour fertiliser son terrein ; & comme il faut en donner à tout le monde, on ne peut laisser entrer l'eau dans le canal d'Alexandrie que pendant huit jours, ce qui suffit à peine pour remplir leurs cîternes ; encore faut-il y envoyer des soldats ; sans quoi les Arabes , dont les terres restent infertiles faute d'être arrosées , ne manqueroient pas de l'enlever. Cette fois-ci , le Kiachef préposé à cet ouvrage , étoit un homme très - attaché à Ibrahim-Bey , qui ayant appris la disgrace de son maître , courut aussi-tôt le rejoindre dans la haute Egypte , & laissa le canal à la merci des Arabes. Ceux-ci se dépêcherent d'y faire des saignées ; & les malheureux Alexandrins , après avoir vu couler l'eau dans leurs cîternes pendant trois ou quatre heures , la voyant manquer tout d'un coup ;

tomberent dans un défespoir affreux. Les étrangers vouloient fe retirer à Rofete, le Peuple fe lamentoit, & il s'étoit élevé une efpece de guerre civile entre les principaux de la Ville, parce que les uns vouloient qu'on attaquât les Arabes, & les autres, qu'on leur envoyât des préfents. Heureufement pour eux, Mourad-Bey apprit la chofe à temps, & fit remplir le canal une feconde fois, autant du moins que le permettoit la baiffe du Nil. Enfin lorfque nous fommes arrivés à Alexandrie, les habitants étoient un peu remis de leur frayeur; & quoiqu'ils s'attendiffent à n'avoir que de la mau-

vaiſe eau, & en petite quantité, ils
ne craignoient plus de mourir de
ſoif.

LETTRE XX.

Le 8 Novembre, en Mer.

JE me ſuis embarqué le 13 d'Octobre ſur le ſenaut Vénitien l'*Inno-
cent*, faiſant voile pour Veniſe. Le
lendemain, nous avons mis à la
voile ; le 22, nous avons découvert
les côtes de Candie ; le 29, au coucher du ſoleil, deux bâtimens, qui
avoient fait notre route pendant toute la journée, mirent tout d'un coup
le Cap ſur nous, & ſemblerent vou-

loir nous prendre entre eux ; cette manœuvre nous parut suspecte, avec d'autant plus de raison, que les Vénitiens sont actuellement en guerre avec la Régence de Tunis. Nos gens ne douterent point que ces deux bâtiments ne fussent de cette Nation. Ils songeoient à se défendre, sans compter beaucoup sur cette défense, vu l'inégalité de leurs forces. Quant à moi, je ne pensois plus qu'à revoir mes anciens amis de Tunis, & l'esclavage dans ce pays-là ne m'effrayoit pas beaucoup ; mais le lendemain nous n'avons point revu nos vaisseaux, soit qu'ils nous eussent perdus pendant la nuit, ou ce qui est encore plus probable, que ce ne fuſſent que des bâtiments marchands, & que le but de leur manœuvre n'eût été que de relever la terre, & prendre un nouveau point de partance. Le reſte de notre voyage ne nous a point offert d'événement intéreſſant. Nous avons traverſé le Golfe en trois jours ; nous en avons paſſé trois autres ſur les côtes d'Iſtrie. Enfin nous ſommes devant Veniſe, les Matelots pouſſent des cris de joie, je partage leurs tranſports, & comme eux peut-être je regretterai bientôt le vaiſſeau que j'aime à quitter aujourd'hui ; car l'attrait que j'ai pour la mer, va au-delà de tout ce qu'on imagine. Je puis en faire l'aveu, &

non pas en affigner les caufes ; car
enfin s'il eft vrai que la vue de cet
élément me rappelle aux premieres
années de ma jeuneffe, il ne l'eft
pas moins que cette époque de la
vie doit offrir aux fouvenirs des repos plus agréables ; ou plutôt ce
qui eft vrai pour d'autres, ne l'eft
pas pour moi. En effet, fi je regarde
en arriere fur quelques années paf-
fées entre la pouffiere des *in-folio*,
le tourbillon du monde & les bourafques de la mer, ce n'eft pas fur
des inftants de diffipation, d'illu-
fion même, que je me plais à arrêter ma vue : je leur préfére encore ces longues nuits confacrées
à l'étude dans le filence du cabinet,

Mais qu'avec bien plus de délices, ma pensée se reporte au temps où étonnée de sa force naissante, elle n'étoit jamais plus active que lorsqu'elle ne s'occupoit d'aucun objet en particulier, & que facile à s'égarer, d'un élan elle se portoit au-delà de toutes les choses existantes ; & c'est alors que j'habitois des vaisseaux. Que de fois aussi les yeux fixés sur la trace phosphorique du sillage, inattentivement occupé de la vague qui brisoit contre nos bords, ou des longs sifflements de la tourmente, j'y ai passé des nuits heureuses, que pourtant je ne regrette pas ? Car il faut l'avouer, les rêveries sont douces, & tout n'en est

pas

pas douceur ; elles portent avec
elles je ne fais quelle inquiétude,
& laiffent dans l'ame le vide fur qui
elles repofent. On aime à fe les rap-
peller : il feroit infenfé de vouloir
y revenir, d'autant que la médi-
tation qui les remplace atteignant
aux mêmes hauteurs, en rapporte
la clarté dans l'efprit, le calme dans
le cœur & le bonheur dans la vie.

F I N.

P. S. Qu'il me foit permis de
confacrer ici quelques lignes à la
reconnoiffance, en y plaçant les
noms de ceux qui dans ce voyage
m'ont accueilli avec l'hofpitalité

naturelle aux Pays qu'ils habitent, & à la politesse de celui où ils sont nés.

M. DU ROCHER, Consul-Général de France, à Tunis;

M. MURE, Consul-Général de France, à Alexandrie;

M. MANGALON, Négociant François, au Caire.

Un autre nom mérite l'hommage des Voyageurs & de ceux qui se plaisent à leurs relations; c'est le nom de VOLNEY. Un amour extrême de la vérité joint au plus rare talent pour l'observation, le mettent hors de la ligne des Ecrivains du même genre, comme au-dessus de tous les éloges.

On trouve chez ROYEZ, Libraire,
les Livres suivants :

Dictionnaire d'Italie, curiosités ou description détaillés de ses Monuments, 2 vol. *in-8°. br.* 7 l. 10 f.

Dictionnaire de la Suisse, ou description complette, 2 vol. *in-8°.* 6 l.

Description de la Crimée, 1 v. *in-8°.* 3 l.

Guide d'Italie pour le prix des Voitures, les Postes, les Curiosités, 1 l. 16 f.

Voyage en Dalmatie, par M. l'Abbé Fortis, 2 vol. *in-8°. fig.* avec des Costumes gravés, & des observations intéressantes pour l'Histoire naturelle & la Minéralogie, *broch.* 7 l.

Histoire de la Moldavie, 1 vol. *in-8°.* 2 l. 8 f.

Histoire ou Mémoires de la Maison de Brandebourg, par le feu Roi de Prusse, 2 vol. *in-12. br.* 4 l.

Mémoires de Hambourg & des Villes Anséatiques, 1 vol. *in-12.* 3 l.

Voyage en Espagne & en Portugal, par Twis, 1 vol. *in-8°.* 6 l.

Voyage à la Mer du Sud , par Kerque-
  len , avec les nouvelles découvertes
  & des gravures , 1 v. *in* 4°. 7 l. 10 f.
—— de Courtanvaux , *in-4*. *fig.*   9 l.
—— du P. Pingré , pour les longitudes ,
  in-4°. broch.   3 l.
—— en Afrique & à Surate , par Owing-
  ton , 2 vol.   5 l.
Recherches historiques sur les Maures
  & l'Empire de Maroc , par M. Che-
  nier , 3 vol. *in-8°. fig.*   15 l.
Voyage à la Martinique , par Chanvalon ,
  in-4°.   7 l. 10 f.
—— à Cayenne , par M. Bajon , 2 vol.
  in-8°. broch. fig.   7 l. 10 f.